JN077064

論創ノンフィクション
051

パチンコの歴史

庶民の娯楽に群がった警察と暴力団

溝上憲文

論創社

パチンコの歴史　目次

1　廃墟からの出発

戦時統制下を生きる

初夏の訪れを告げる六月――。

いつもなら一年のうちですがすがしい気分にさせる時期だが、昭和二〇（一九四五）年のこの月の名古屋地方は暗く沈鬱な気分が支配していた。いや、名古屋だけではなく大多数の日本国民が戦争の重圧の息苦しさにあえいでいた。

「あんた、気をつけてね」

朝、正村竹一はカボチャを蒸かしただけの風呂敷包みの弁当箱を自転車の荷台にくくりつけると、ペダルに足をかけた。妻の千代子が生後二カ月にも満たない次男の勝一をおぶって不安そうに夫の背中を見つめている。生来の仏頂面の正村は焼け焦げた周囲の家屋を一瞥すると妻子を振り向きもせず、ゲートルを巻いた足を高々と上げて自転車をこいだ。

米英と火蓋を切った太平洋戦争の開始から四年。当初は真珠湾、中国大陸、南方戦線への日本軍の破竹の快進撃に酔った日本人も、今では勝利が見果てぬ夢であったことをだれもが感じとっていた。それどころか、今年に入って米軍機の空襲はいっそう激しさを増してきた。

国民は連日の空襲におびやかされていた。毎夜、灯火管制のあかりの下で、ゲートルやモンぺ姿のまま床につく日がつづいた。迎え撃つ味方機や高射砲陣もしだいに米軍機におさえられ、B29爆撃機の巨体が単機あるいは編隊で旋回し、ゆうゆうと焼夷弾や爆弾の雨を降らせた。

空襲が激化する一方で、生活に欠かせない食料も底をついてきた。主食のコメは昭和一七年に配給制となった。やがてコメが不足しはじめるとトウモロコシや大豆、ジャガイモ、サツマイモ、小麦粉などが配給された。昭和一九年以降はさらに厳しくなり、都市住民の食卓にはカボチャが主食として上るようになる。コメ以外にも鮮魚の自由販売も禁止されていた。砂糖、味噌、食塩、食用油、乳製品、肉、卵もつぎつぎと配給制となった。

甘いものを欲しがる子どもに、親がみやげに持って帰れるのは、病人用のぶどう糖や同じく病人用の西瓜を煮つめて作ったドロドロの西瓜糖と呼ばれるものや、干しバナナと称する真っ黒のにがい味のする菓子ぐらいしかなかった。子どもだけではない。大人の楽しみであるタバコでさえも一九年一一月から配給制になり、一日わずか六本しかあたえられなかった。

「ケッ、なんてえ世の中だ」

正村がこう毒づいたとしても不思議はなかっただろう。負けん気の強い性格の正村も、どうあがいても自分の運命を切り開く余地など今はなかった。このとき正村竹一は三九歳。食べ盛りの四人の子どもと妻を抱え、なす術がなかった。

正村はこれまでガラス商を営んできたが、いまでは扇骨（扇子の骨の部分）を作るなどして細々と商売をつづけながら、他の日本国民と同様、戦時徴用のため愛知航空で働く身分だった。

若者は軍に徴兵され、それ以外の内地（日本本土）の人間は婦女子にいたるまで軍需工場で働かされた。昭和一八年九月には、企業従事者だけでなく、行商、外交員、客引き、料理人、理髪師、髪結、美容師、下足番にいたる一七職種の男子が徴用された。だれひとりとして生業を営むことが許されなかった。

楽な仕事は何ひとつなかった。とりわけ中年にさしかかり、徴用された者は悲惨を極めたようだ。作家の永井荷風は日記（『荷風日暦』昭和一七年一〇月分）にこう書いている。

「大学を卒業して会社銀行に入り年も四十近くとなれば、地位も進みて一部の長となり家には中学に通う児女もある人あり。しかるに突然徴用令にて軍用品工場の職工になり下り、石炭鉄片などの運搬に追い使われ、苦役に堪へやらずして斃死するもの、また負傷して廃人となりしものも尠からず。幸ひにして命つつがなく労働するもその給料はむかしの俸給の四分の一くらゐなれば中流家庭の生活をなす能はず、妻子もにはかに職工なみの生活をなさざるべからず、涙に日を送る由なり」

世の中流家庭はもちろん、志と希望を持った商売人や事業家も、これまで築き上げてきたものすべてが戦時統制下で崩壊したのである。

正村竹一は明治三九（一九〇六）年九月五日、岐阜県稲葉郡茜部の貧しい水呑み百姓の子どもとして生まれた。九人兄弟の三男であった正村は、口べらしのため小学校を出るか出ないかで「もらわれ子」の経験を二度している。

少年期から一家の貴重な労働力として日銭を稼ぐために、倒れそうになるまで汗水たらして働くなど辛い日々を送った。一八歳で酒問屋に奉公に出されている。奉公先の主人には人間として、あるいは商売人としての心がまえを徹底的に叩き込まれた。主人は高木重太郎といい、後年、正村は高木のことを「生涯唯一の師」と呼んでいる。正村に刻まれた高木から受けた教えの基本は「物を大切にしなさい」「辛抱しなさい」「最後までやり通しなさい」の三つだった。満足な教育も受けられず、ただひたすら働くことしかなかった正村にとって奉公先での三年間は貴重な人生の学校だったと後年語っている。

「学校なんか行かんでぇえ、正村学校で商売の道をしっかり覚えろ!」

正村は自分の子どもたちに口グセのようにこう語ったという。奉公先での経験から出た言葉であろうし、かつて多くの日本人に技術と生き方を教えた徒弟(とてい)制度の持つ教育的効果に裏打ちされた言葉でもあった。

高木のもとで三年間の奉公を終えた正村は昭和二年、二一歳で単身名古屋に出ている。二三歳で岩田千代子と結婚。ガラス商を皮切りに一心不乱に働いた。子どもも生まれ、正村は一家の主として朝の暗いうちから夜は寝る間も惜しみ仕事に没頭する日々を送った。

「無学無芸の自分は人の倍働いてやっと一人前、それ以上を少しでも望むなら三倍は働かなくては」

それが正村の口グセだった。仕事にかける熱意と最後までやり通す気力は生涯変わることはなかった。人一倍の努力をつづけながら、正村はさまざまな事業に乗りだしていく。

昭和一一年、名古屋市西区弁天通りにパチンコ店「ハイスピード野球ボール」を開店する。仕入れたパチンコ台は一五台。店は長男の誕生をキッカケに作ったものだ。パチンコ店を営む一方で、夏はキャンディ、冬はおだ巻きと季節ごとに商品を切り替えて売っていた。また、借家の建築にも手を広げるなど正村の事業はようやく実を結びはじめていた。

しかし、正村の事業意欲とは裏腹に世の中はしだいに不穏な方向へと傾いていった。昭和一二年には日中戦争が勃発、そして一六年、太平洋戦争突入と世の中は戦争一色に塗りつぶされていく。それにともない、一二年にはパチンコの新規営業が禁止され、一七年には不要不急産業として営業は全面禁止となる——。

名古屋市街は連日の空襲で焼けだされた人びとでごった返していた。当初、米軍機は航空機工場を狙って爆撃を加えていたが、やがて市街地への無差別爆撃へと拡大していった。

九死に一生を得る

昭和二〇年六月九日、勤務中に空襲警報が鳴った。正村らはいつものように鉄兜をかぶり、四〇人ずつのグループに割り当てられた防空壕へと急いだ。だが、何も起こらないまま、しばらくして警報解除の放送が工場敷地内に流れた。やれやれといった様子で仕事仲間たちといっしょに正村も自分の持ち場に引き返していった。実際に攻撃を受けなくても警報が鳴ることは珍しくはなかった。

そのとき、トボトボと歩きだした仲間のひとりが、頭上を見上げ突然声を上げた。

「ワッ、敵機だ！」

真上をB29爆撃機が巨体の両翼を揺らしながら、ゆっくりとこちらに向かって旋回してくるのが見えた。

「避難、避難しろ！」

だれともなく叫ぶと、みな再びもといた防空壕に飛び込むように逃げ込んだ。しだいにB29

のプロペラの轟音が近づいてきた。みな、いっせいに頭を伏せた。そのとき、防空壕からチラッと外を見た正村は、

「アッ、いけねえ」

と、すっとんきょうな声を上げた。目の前に正村の自転車がポツンと置いてあった。正村はそのまま壕を這いだして自転車に向かって走った。

「正村！　戻ってこい！」

背中に仲間の声が届くのとB29から放たれた焼夷弾の「シュー、シュー」という音が聞こえたのが同時だった。正村がとっさに近くの飛行機の下に飛び込んだ直後、ひとつの閃光が走った。焼夷弾は正村のいた防空壕を直撃した。それによって防空壕の中のほぼ全員が絶命した。正村にも爆風で飛び散った弾片三十数発が飛行機の下から飛びだした右半身の腕から足の爪先にかけて突き刺さり、うち四発ないし五発が腕を貫いた。このショックで正村は意識を失った。

爆撃の後、負傷者は病院に運ばれ、死亡者は一カ所に集められた。防空壕の仲間をふくめ、またたく間に死体の山が築かれた。不意打ちの爆撃とはいえ、あまりの死体の多さに集まった人びとも思わず息を飲んだ。

すると、死体の山から、「まだ、生きとるぞー」と、しぼりだすように叫ぶ声がした。それを聞きつけたひとりがその死体に寄っていくと、驚いて声をかけた。

「なんだ正村さんじゃないか。あんたこんなところにおったらあの世行きだで」

発見したのは正村の近所に住む人だった。正村は九死に一生を得たのである。「俺はあのとき完全に死体として処分されとったはずだ」と、正村自身も実感を持って語っている。まさに

人間の生と死が紙一重の時代だった。空襲による被害は愛知県内だけでも死者一万一二四三人、負傷者一万四四五一人。家屋の全半壊一九万世帯、罹災者五五万人にも上った。

本土分断の報せ

台湾。台北の日本軍総司令部――。暗号班の室内には各種の通信機が立ち並び、プリンターは外電を刻々と打ちつづけていた。頭から受信用の無線機をはずし机の上に置くと、小川和也はフーッとため息をついた。そのまま机を離れ、部屋を出ると階段を上がり屋上に向かった。タバコに火をつけると夜中の台北市街に目をやった。ところどころに灯が見える。この中にはまだ起きて酒を浴びている者や、すでに眠ってしまった者もいるだろう。みんな、日本が負けることを知っているだろうか……。

小川たち暗号班は、情報が外部に漏れることを防ぐため司令部内からの外出を禁止されていた。小川には日本軍や米軍の動きから戦局の行方、日本国内の動向も手に取るようにわかっていた。しかし、いずれの情報も敗色濃い日本の悲惨な状況を伝えるものでしかなかった。つぎつぎと入る戦局悪化の情報、それを自分の胸にしまい込んでだれにも話せない孤独を抱えながら辛い日々を送っていた。なかでも小川に衝撃を与えたのが、米軍の相次ぐ本土への空襲のニュースだった。伝わってくる被害状況に接するたび当時二一歳の小川は胸をかきむしられるような思いを味わった。とくに昭和二〇年三月一〇日の東京大空襲は胸にこたえた。東京には小川の両親と姉と弟が暮らしていた。その報に接したときには膝がガクガク震えた。

「九日二二時三〇分。警戒警報発令、一〇日零時一五分空襲警報発令、それから約二時間半にわたり空襲。来襲機はB29一五〇機と数えられ、単機あるいは数機ずつに分散して低空から波状絨毯爆撃をおこない多数の火災が発生。烈風により合流火災となり、東京の約四割を焼き、甚大な被害を生じた」

「(空襲警報発令から)数分後B29単機、または二、三機の小編隊をもって百数十機帝都上空に進入し、各区に対し、猛烈なる焼夷弾攻撃を実施せられたるにより、おりからの北風二、三〇米の烈風により発生火災はますます熾烈を加え、ことに浅草区方面の火災は墨田川を越え、本所区、深川区、城東区、江戸川区方面の火災と合流、その火災いよいよ猛烈をきわめつつあり……」(東京都刊『東京都戦災史』より)

歴史に残る東京大空襲は空前の被害をあたえた。死者八万人、負傷者一三万人、焼失家屋二六万戸。約一〇〇万人が家を失った。本所、深川の江東地区はほとんど全滅に近く、見わたす限り無人の焼け野原と化したという。

台湾にいた小川には、東京大空襲のこうした細かい事実までは知る由がなかった。しかし、三月から六月にかけて東京、名古屋、大阪、神戸、横浜が攻撃を受けたこと、さらに四月以降は硫黄島、沖縄への米軍上陸と激戦、七月以降は日本本土の都市へ近海からの艦載機攻撃がいちだんと激化したことなどの情報から、日本全土が分断・破壊されていく様子を脳裏に描くことはできた。

「父や母、姉たちは生きていて欲しい」

小川は台湾から、遠く祖国の家族の無事を祈ることしかできなかった。だが、小川の祈りも空しく、父と姉二人は東京大空襲で亡くなっていたのである。無論、この時点で小川にそれは知る由もなかった。

小川和也は大正一二（一九二三）年九月三〇日、東京の恵比寿町に生まれた。九月一日はあの関東大震災が起きている。そのときの母は臨月だった。小川が生まれたのは避難先のテントの中だったという。彼の父親は時事新報に勤務し、北京駐在経験を持つ記者だった。

一家は小川が小学校に上がる前に恵比寿町から旧荏原区東千束に移り住んでいる。広い庭つきの邸宅で、女中を二人も抱えていたという。姉二人は名家の子女が通う女学校に進んでいる。すぐ上の姉は女優の高峰三枝子と同級だった。小川自身は慶応の幼稚舎から中学、高校を経て慶応大学の予科に進んだ。背が高く、運動能力や体力では人並み以上に恵まれ、スポーツならなんでもこなす血気盛んな若者として青春を謳歌した。こうした小川の青春時代を襲ったのが戦争だった。

慶応大学予科二年を中退した直後の昭和一八年九月、小川に突然召集令状が舞い込んでくる。現役出征である。配属先は大分県の第六師団四七連隊。小川はここで約三カ月間の新兵教育を受け徹底的にしごかれた。そして学徒ということで見習い士官から陸軍少尉に任官する。このころ、すでに戦況は日本軍に不利な情勢であった。しかし、小川たちは皇国の先兵としての自覚と一命を投げ打っても祖国を守ろうとの気概に燃えていた。当時の青年学徒はだれしも同じ気持ちだった。昭和一九年に入り、小川は海路で米軍との最前線であるサイパン島に送り込まれた。

「いやあ、正直いってえらいところへ持っていかれたなあ、という感じでした」

と、小川は述懐する。驚くのも無理はない。サイパン島は日本の本土防衛の最大の要衝であり、いずれ米軍との激戦は必至と見られていた場所だった。昭和一八年一一月には米軍は中部太平洋に向け進攻し、日本軍の拠点をつぎつぎと占領。一九年二月に入り日本連合艦隊の本拠地であるトラック島に迫っていた。小川だけでなく、サイパンの日本軍守備兵はここを自らの死地と決めていただろう。しかし、運命は小川を助けた。サイパン島勤務からわずか三カ月足らずで台湾軍司令部への異動を命じられたのである。

小川が去った数カ月後の六月一五日、米軍はサイパン島への上陸を敢行した。米軍は航空母艦十数隻と戦艦八隻で島をグルリと囲んだ。そして大型輸送船約七〇隻の大兵力をもってつぎつぎと上陸してきた。迎え撃つ日本軍は司令官南雲忠一中将以下約二万七〇〇〇人。必死の抵抗をつづけたが、米軍の圧倒的な砲火の前にしだいに戦力を失い、七月一六日、ついに日本軍は全員が玉砕した。

戦史に残るこのサイパン戦闘には、島に在留する日本の民間人の多くも参加し、悲惨な最期を遂げたことでも知られる。二万五〇〇〇人の在留邦人のうち、婦女子をふくめその大半が戦死もしくは自決して果てたという。米軍に従軍した「Ｔｉｍｅ」誌の記者はその惨劇をこう記録している。

「子どもをまじえた男女数百名の非戦闘員もいちように崖から、また崖を伝い降りて入水した。ある父親は三人の子どもをかかえながら身を投じたし、また、四、五歳の少年が武装した日本兵の首にしっかり腕を巻きつけて死んでいた。崖の上に立って悠然と髪をくしけずっていた女たちが、とき終わると、手をとりあって崖から海中へ身を躍らせていった。小さな子どもをまじえた数十人の日本人が、まるで野球選手のウォーミングアップのように、嬉々として手榴弾を投げあっているのを見た」

小川はこのサイパンの詳しい惨劇を知る由もなかったが、もし、あのまま島にとどまれば同じ運命を辿ったことであろう。

一復員兵の戦後

昭和二〇年八月一五日。このとき小川はまだ台湾にいた。日本本土では大多数の国民が都市を中心とする広大な焼け野原を前に立ちつくしていた。

「吾等は今、静かに思う。この（敗戦の）大罪をつぐなう唯一の道は、将来の新日本建設にある。いかに荊棘の道遠くとも、物量も圧し得ず、劫火焼き得ぬは、上御一人に帰一し奉る忠誠心、この誠もて吾等の力尽す時、国体を護持し、新しき日本の方途は、力強く開かれて行くのである――」

戦後最初のニュース映画（昭和二〇年九月六日）はこう述べて日本人の復興への奮起を促している。しかし、実際はそれほど生易しいものではなかった。空襲で焼けた都市は九〇におよび、焼失・全半壊の家屋は約三五〇万戸、焼け出された人は約八〇〇万人もいた。全国の都市の三割が焼けてしまい、もはや現状を元に戻すことは絶望的とさえいってよかった。若者や男手を兵隊にとられ、しかも食糧不足が深刻さを増すなかで、人びとの胸に去来した最大の関心事は日本の復興よりも明日をどうして生きていくかであった。

小川が復員したのは昭和二一年三月三〇日だった。台湾の基隆港を出発してから海路で四日目、鹿児島港に接岸した。出発前、アメリカや中国兵の臨検を受け、身につけた時計や金品はすべて没収された。服は着ているもののまさに裸同然の帰国だった。

「着いたのはいいんですが、桜島が大噴火の真っ最中でね。あたり一面が噴煙と火山灰で真っ黒ですよ。船を降りたらすぐさま大量のＤＤＴを体中に吹きつけられました。最後に係官から一〇〇円札五枚、五〇〇円もらってそれで終わりでした」

小川はこう振り返る。戦勝の帰国ではないものの、祖国を守るために戦った兵士への対応にしてはずいぶんあっさりとしたものだった。本土の土を踏みしめた瞬間、陸軍少尉小川和也は一民間人となったのである。

上陸した小川にとってもっとも気になっていたのは東京に住む家族の安否であった。しかし、家族と連絡を取りたくても公衆電話があるわけではない。小川は市内の民家を片っぱしからたずね歩き、電話のある家を探した。玄関を叩き、「電話を貸してください」と声をかけて歩いた。各家庭にそうそうあるわけではない電話だが、ある家で声をかけると玄関の奥から家人の「どうぞ」という声が聞こえた。小川は喜びいさんで上がりこんだ。が、近所の人だろうと気軽に返事をした婦人は、言葉つきも違えば風体も異様な小川に不審の目を向けた。

「あんた、どこの人ね」

小川が台湾から復員してきたばかりだと言うと、婦人はハッとしてこれまでの態度をガラリと変え、床にひざまずくと改まった調子で声をかけた。

「よくご無事で。本当にごくろうさまでございました」

と小川に向かって深々と頭を下げた。

東京への電話はつながらなかった。空襲による被害から考えれば当然かもしれないと思った。今度は母の実家のある兵庫県神戸市の祖父の家にかけてみた。受話器になつかしい祖父の声が飛び込んできた。

「カズちゃんか。カズちゃん早く帰ってこい、みな待っているぞ」

「うちの家族はどうしていますか?」

小川はこのとき、父と姉二人の死を知った。最悪の事態を予想していたとはいえ、実際にその事実を告げられるとやはり言いようもないショックを受けた。一瞬、胸のなかで何かが弾け飛んだような感じを覚えた。家族や国を守るために出兵した自分が生き残り、銃後の守りにいた父や姉たちが死ぬとは……。その感情はしだいに小川の内部に自虐性を帯びた小さなしこりのようなものに変化した。そのしこりは、その後も小川の胸の内部で時折、大きく膨らんだり、小さくなったりすることになる。

小川は汽車を乗り継いで神戸に向かった。その途中、汽車は広島駅でしばらく停車したので時間つぶしに市内を歩いた。このときの光景はいまでも小川の目に焼きついている。目の当りに見たのは原子爆弾の威力だった。一面すべてが焼け野原。視界をさえぎる建物はなく、遠くにそびえる山並みがはっきりと見えた。

駅周辺ではヤミ市が開かれていた。小川はそこで異様な光景を目撃した。日本人の若い女性が人通りをすり抜けるように走り、その後をオーストラリアの駐留兵が追いかけていた。女は必死に逃げたが、やがて兵士が女に追いついた。兵士は女をつかまえると、その場に押し倒し、だれもが見ている前で強姦におよんだのである。日本人のだれひとり止めに入ろうとする者はいなかった。みな、見て見ぬふりを決め込んでいた。敗戦あるいは占領の二文字が重くのしかかってくる光景だった。

ヤミ市の風景

神戸の祖父の家には母と弟が身を寄せていた。弟はまだ学校に通う身であり、父が亡くなったいまは小川が家計を助けなければならなかった。しかし、仕事を探すといっても学生上がりの復員兵の身にはたいした仕事があるはずもなかった。それでなくとも街には仕事のない復員兵や浮浪者があふれかえっていた。小川はこれといった仕事もないまましばらくブラブラと過ごしていたが、ある日、三ノ宮の生田神社の裏で意外な人物に出くわした。年のころは三〇歳を超えている。どこかで見た男だなと考えていたら突然思い当った。

「あんた、台湾の……」

「あっ、小川さんですね」

その男は台湾の軍司令部に物資を納めていた台湾人の商人だった。そして仕事がないなら私の仕事を手伝わないかと誘ってきた。仕事は何だと聞くと、「密輸だ」と男は答えた。男は神戸から台湾まで船で密輸品を届けてくれれば、当時の金で三〇万円出すとまで言った。仕事はノドから手が出るほど欲しかったが、あまりに危険すぎると考えて断った。それならと男は台湾からの密輸品の荷降しはどうかとすすめてくれ、小川は引き受けることにした。これが、後に小川がヤミ屋をはじめるキッカケとなった。

台湾からの密輸品とは砂糖だった。当時の日本にとっては貴重な物資であり、砂糖を欲しがる人は多かった。小川はやがて自ら砂糖を買いつけ、汽車に乗って名古屋近辺を売り歩くようになる。民家の軒先で「砂糖はいらんかね」と言うとだれもが飛びついてきた。そこで砂糖を売る一方、白米と物々交換し、その白米を今度は神戸のヤミ市で売りさばくようになった。この商売は当った。おもしろいように品物は売れ、金もたまっていった。

小川に限らずこの時期は日本中がヤミ屋の全盛時代だった。いや、当時の日本経済自体がヤミ経済で成り立っていたと言ってもいいだろう。東京でも新宿、上野、池袋、渋谷、新橋など元はデパートが建っていた場所に居座るようにヤミの露店商が軒を並べていた。昭和二一年二月二五日の警視庁の調べでは、東京のヤミ露店商は七万六〇〇〇人もいたと記録されている。

ヤミ市には、パン、甘藷類、トマト、茄子、胡瓜などの野菜や魚、白米を炊いて作ったにぎり寿司、押し寿司、さらに中古服や紳士靴から地下足袋や石けん、タバコにいたるまでなんでもあった。すべてが禁制品ばかりである。こうした品物を求めてヤミ市は連日大勢の人でごった返していた。当時のヤミ市の状況を大阪市の警察部長をしていた鈴木栄二は著書（『総監落第記』鱒書房、一九五二）でこう記している。

「悪臭と叫喚の巷を、まるでエサに飛びつく魚のように目を皿にした市民たちが雑踏している。血色のよい見るからにたくましい第三国人の青年たちが、ヤミの王者のように客を呼んでいるかと思うと、ボロボロの軍服姿で道路の片隅に品物を並べている復員兵風の男もいる。ヤミ屋たちの人種、風体も千差万別だ。なるほど、これはまさしく日本の大ヤミ市である。これでは警察官の一人や二人が制服でいたところで、歯がたたないのも当り前だ」

こうした風景のなかに小川もいたのだろうか。小川は米軍から仕入れたタバコの販売もやった。アメリカ製のラッキーストライクとチョコレートを米軍の高級将校から大量に買い取った。アメリカ兵がどうやって調達してくるのかわからなかったが、彼らも喜んでヤミ市に売りさばいていた。しかし、ヤミ屋もそう楽な仕事ではなかった。汽車に乗って白米を運ぶたびに警察の目をごまかさねばならなかった。

ヤミ市では縄張りを巡り暴力団とのいざこざもたびたびあった。こんなこともあった。三ノ宮のガード下で靴磨きの老人たちにショバ代をよこせと暴力団風のチンピラ数人がからんでいた。近くにいた小川は思わず身を乗りだした。

「おまえら、こんなじいさんやばあさんからショバ代を取るんじゃねぇ!」

「なんだァ、おまえは」

「俺か、軍隊帰りだ! 軍隊から帰ってきてもメシが食えないからヤミの商売やってんだ! 何か悪いか!」

「ここは俺らのショバだぞ!」

「なにィ、ここは天下の大道じゃねぇか! それでもショバ代を取るんなら俺を殺してみろ! 軍隊で鉄砲玉をかいくぐってきた俺だ。いつでも死んでやる。やれるならやってみろ!」

小川はなかば本気だった。小川の怒声と気迫に押されてチンピラたちは舌打ちして退散していった。ヤミ屋は常に危険と隣り合わせの商売だった。

そんな小川にも転機が訪れた。弟が北海道大学への入学が決まり、家族で北海道に移住することにしたのである。こうして小川は七年間のヤミ屋生活に終止符を打った。

昭和二八年三月三〇日、二九歳の小川は札幌駅に降り立った。ねずみ色の背広にマントのような黒いオーバーを着込み、肩にズック袋ひとつを下げた姿であった。四月間近といえども北の寒さは厳しく駅のホームは凍っていた。革靴の小川はいきなり滑って転んだ。

さっそく履歴書を持って仕事を探し回った。しかし、新天地札幌も簡単に仕事が見つかるほど甘くはなかった。何日歩いても自分の希望する就職先はなかった。途方に暮れて薄野(すすきの)方面をトボトボ歩いていたとき、ふと見上げると看板が目に入った。赤いペンキで大きく「パチンコ」と書いてあった。しばらく思案し、意を決して裏口の引き戸をガラガラと音を立てて開けた。

「ごめんください!」

大声で叫ぶと、店の奥から、「誰だァー」というドスの利いた大きな声が返ってきた。

2 大衆娯楽の地位へ

正村ゲージ誕生

子どもの遊びのパチンコが
大人のあそびになってきた
子どもがおとなのまねをして
大人が子どものまねをする
パチンコばやりの浮世ゆえ
毎日浮かれてやりましょう
せいぜい遊んでパチンコで
カンシャクダマのうさばらし

昭和二六（一九五一）年、東京・日劇の地下街に貼られたポスターの文句である。

終戦直後はあたり一面が焼け野原で、住居らしい住居もなく、食糧も乏しく、人びとは娯楽どころではなかった。だが、やがてかき集めた材木や鉄板で囲んで作ったバラックの片隅に五台ぐらいのパチンコの機械が並ぶようになる。バラックには赤いペンキでなぐり書きでもしたように「パチンコ」の文字が踊る。近所の子どもが集まり、ワイワイと囃子たてながらゲームに興じ、景品といえばアメ玉ぐらいしかなかった。子どもの遊びにすぎなかったパチンコが、打ちひしがれた庶民の心をさらったのは、それからわずか数年後のことだった。

昭和二三年暮れ、名古屋市内でパチンコ機械を細々と製造していた伊藤寿夫を訪ねてひとりの風変わりな男がやってきた。伊藤は半年ほど前に、自分の名前の一字を冠した寿製作所を設立。主として「小物」と呼ばれる機械を作っていた。当時のパチンコ機は、玉を手で持って一個ずつ台に入れて弾く単発機が主流だった。穴に入れば二、三個の玉が出るものだから、「七・五・三」と呼ばれ、穴によって七個、五個、三個と出玉の異なる機械も登場していた。機械の製造といっても、ベニヤ板やブリキを素材にハンマーやハンダづけで行うまったくの手作業である。わずか四畳半程度のスペースで家族が中心になって作る家内工業がほとんどであった。技術屋を自称する伊藤は、玉の流れをどうするかなど、遊びの仕掛けを工夫するこの仕事が好きだった。とくに機械の裏側のメカの部分はだれにも負けないという自信を持っていた。

伊藤に会いにきたその男は、シャツの上に半纏をまとい、うす汚れたズボンに草履ばきだった。風貌はどこかいかめしく「てっきり、どこかの親分さんかな」と思った。

「おまえさんとこの機械をいっぺん使ってみるで。五台ばかり作ってくれ」

男はこう言い、持ってきた風呂敷包みを作業場にドスンと置くと、自転車にまたがって帰っていった。風呂敷を開けると、中には一〇〇円札で五〇〇枚、五万円が入っていた。当時の機械はもっとも高いもので一台五五〇〇円、五台でも三万円あれば十分だ。その倍近い金額を渡された伊藤は度肝を抜かれた。これが正村竹一と伊藤との最初の出会いであった。

正村は昭和二〇年六月の愛知航空での空襲で傷を負い、その年の一二月までの六カ月間、闘病生活を送っている。退院し、自宅で養生した後、翌二一年五月に戦前やっていたパチンコ店を再開した。一方で扇骨業や金貸し、借家経営をしながら家計を支えた。正村に商才があったのか、暮らし向きは他の家にくらべて楽なほうであった。食うものには困らなかったと当時小学生だった三女の佐藤陽代は語る。

「近所の人が玄米や麦を食べている時分、うちは白米でしたね。また、砂糖の代用として世間ではズルチンを使ってぜんざいや大判焼きを作っていましたが、うちには砂糖がありましたし、生活の苦労はあまり感じませんでした」

ズルチンは当時開発された人工甘味料で、砂糖不足で人気を呼んだが、後に有害食品として使用を禁止されている。その生活ぶりから正村の人並み以上の商才をうかがうことができる。だが、手を染めた数々の商売の中でも、「金貸し」だけは正村自身後悔していたようだ。

「一生のうちたったひとつ、金貸しだけは後悔しとる。金のない人から金取るようなことだけは絶対してはいかんぞ」と後に家人に語っている。

正村が銀行員を毛嫌いしていたことはよく知られているが、金貸し業の苦い経験から銀行という商売を嫌っていたのだろうか。いずれにしても、パチンコ業には魅力を感じたのか、正村は機械の製造まで手がけるようになり、二三年に入ると本格的な機械の試作に熱中する。

冒頭の伊藤との出会いに話を戻そう。

正村から依頼された機械五台を持って伊藤は正村の店にでかけ、このときはじめて正村の機

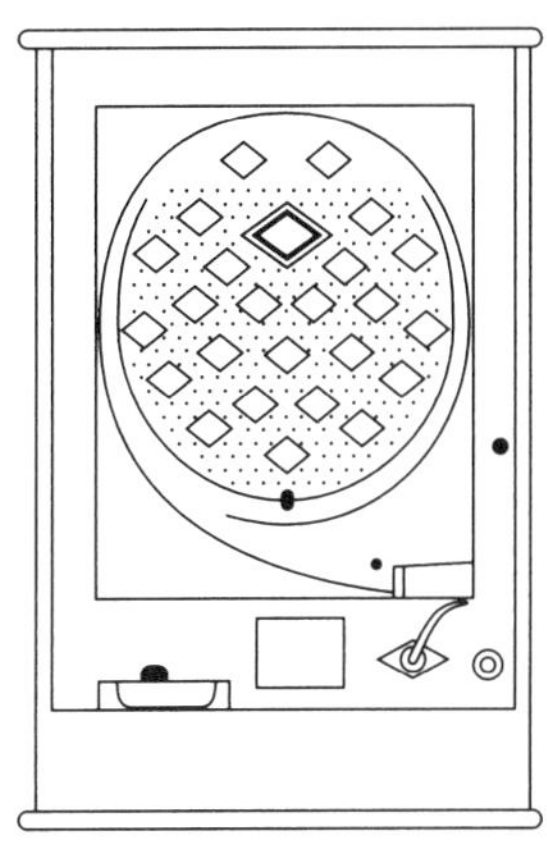

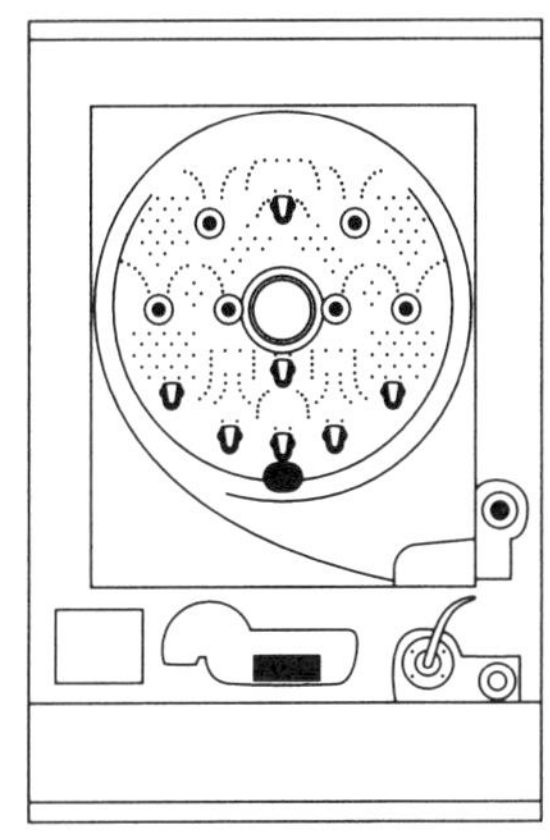

〈左〉従来のベタ釘ゲージ（「小物」）〈右〉正村ゲージ

械を見た。その印象を伊藤はこう語る。

「ゲージを見て、ヘェ、変わった並びだなあと思いましたよ。ただ、台の裏のメカの部分はこのままではいかんな、私のほうが数段上だなと感じました。たぶん正村さんは自分の考えたゲージと私の機械を組み合わせればいけると思ったんでしょう」

ゲージとは釘の並びのことだ。当時のゲージは釘を等間隔にびっしりと打ち込んだ、いわゆるベタ釘だった。これに対して八の字型、あるいは逆八の字型に釘を打ち込み、釘の並びに変化をつけたのが正村のゲージだった。これはほぼ今日のゲージの原型である。従来のゲージは玉の落ちる速度が遅かったが、正村のゲージは玉の流れにスピード感をあたえ、変化に富んだ玉の動きを引きだした。客は一個の玉がどう変化するかを期待を持って弾く。まさにパチンコのおもしろさを決定的に変えたのが正村ゲージだった。

どうやって正村のゲージが誕生したのか。正村竹一資料室の資料は、当時の正村の開発の経緯をこう伝えている。

「みんなが帰った後で一人試作用の台に向かう竹一。打ってみる、考えてみる、又打ってみる。目を凝らして玉の流れを上から下へ追っていると見覚えのある水車の水の流れが、ふと思い浮かんだ。『これかな』。またしても勘が働く。水車が回転することで水しぶきの飛び方が違う。『そうか、均等のベタ釘だから変化がでんのだ。釘を抜いたら玉の飛び方が変わるかもしれん』。これが世にいう水車伝説である。

釘を抜く、玉の流れに変化ができる。自分の技術の介入ができるように又釘を抜く。そうなるとあるカタチが出てくる。カタ、ソデ、ドボンという受け口もできる。玉の通る道筋ができる。それだけではつまらない。風車を並べてみた。最初は四枚羽で。しかし力が均等でもいつも同じ方向へ流れてしまう。三枚羽根にするとどうか。角度が違うので結果は玉の変化、おもしろみが全く違う。デザイン的にもなかなかいける。昭和二三年、ここにそのすべてをもって竹一独自のゲージが完成する」

こうした苦心の末の正村ゲージ誕生だったが、実際に市場に出るまでにはまだ時間を要した。正村は自らのゲージに加え、どの穴に入賞しても玉が一〇個出てくる「オール10」と呼ばれる機械の製作に着手する。その製造を依頼されたのが伊藤だった。

「正村さんのところに機械を持っていってから一〇日から二週間ぐらいしてからですかね。正村さんがオール10のゲージを持ってきて『このゲージに裏をつけて作ってくれ』と言われた。当時のオール物は、当りの穴に入ると裏で重りの役目をする大きな玉がはずれて落ち、その勢いで決められた数の玉が払いだされる仕掛けでした。それを私のところでは、次に払いだされる分のパチンコ玉の重みをうまく利用して玉を払いだす仕組みにしたんです。当時、これは画期的な発明でした」

このことがキッカケで伊藤は正村から機械の大量生産の依頼を受ける。

そして、昭和二四年暮れから正村は機械の本格的な販売を開始した。正村ゲージはまたたく間にパチンコファンを魅了し、機械は飛ぶように売れた。伊藤がいくら作っても間に合わないほど注文が殺到した。これを機に、伊藤は正村の第二工場の実質的な工場長となり、正村の傘下で機械の製造に当ることになった。正村の機械は一躍全国に知れわたるところとなり、北海道をはじめ広島、東京、宮崎へと営業網も拡大した。

工場も第三、第四とつぎつぎに増設し、最終的には第八工場まで作り、約七〇〇人の従業員を抱えるまでになった。

オール10につづいてオール15も開発された。昭和二六年には株式会社正村商会を設立した。その年、ピーク時の生産量は月産二万台に達している。年商ははっきりしないが、当時の正村の機械が一台七〇〇〇円だったというから、ピーク時の月間売上げは一億四〇〇〇万円となる。年間で一〇億円の売上げがあったとしても不思議ではない計算だ。当時、サラリーマンの給料は三〇〇〇円ぐらいだったから、巨額な売上げを誇る正村を、世間が〝今太閤〟と呼んだ理由(わけ)も納得がいく。

正村のパチンコ機の爆発的人気を支えたのはゲージとオール物だった。最初にオール10を考案したのは、正村の遠縁にあたる長崎一男という人物とされている。正村の自宅の二階にひんぱんに出入りした仲間のひとりだというが、長崎を知る詳しい資料はない。前出の佐藤陽代は長崎についてこう語る。

「遠い親戚と聞いていますが、姉はそんなにうちには来ていないと言います。でも私はたしか昭和二四、五年に長崎さんのホールの手伝いにいったことを覚えています。なんでも武内さんと長崎さんが出会っていっしょにやっていたと聞いています」

数奇な戦後の運命

武内とは元日本遊技機工業組合（日工組）理事長の武内国栄のことである。武内は正村の第七工場長を務め、その後、日工組設立から相談役を退くまでの三〇年間、業界の発展につくした人物として知られる。温厚な人柄で懐も深く、業界人からも慕われた。だが、戦前は生粋の右翼活動家の顔を持つ。愛知国学院中学（旧制）を卒業後、東京の国学院大学に進学。入学後すぐに腰椎カリエスを患って入院した。二年四カ月の闘病生活を送った後の昭和一一年、武内二五、六歳のとき、ある人物と運命的な出会いをする。その人物の名は橋本欣五郎。戦前の右翼思想家の中では第一級の人物である。

武内は生前「私がオヤジと呼ぶのはこの橋本さんと正村竹一の二人だけです」と語っている。橋本欣五郎の経歴を簡単に紹介しよう。明治二三（一八九〇）年岡山県生まれ。陸軍大学卒業後、トルコ駐在武官を経て昭和五年には参謀本部第二部ロシア班長に就任する一方、国家改造運動の結社として知られる桜会に参画。昭和六年には三月事件、一〇月事件と呼ばれる軍のクーデターを画策するが失敗。昭和八年、陸軍野戦重砲第二連隊長を務める。昭和一一年の二・二六事件後の粛軍により退役。同年、大日本青年党を組織するが、このときに武内と出会う。昭和一九年には衆議院議員に当選。翼賛政治会代議士副会長を務めるが、終戦後、A級戦犯として終身禁固刑に処せられている。

一方、武内は橋本の大日本青年党に入党し、東京本部の書記になる。その後、大日本青年党愛知県連合会の事務局長に就任。憂国の情に燃えた愛知県内の党員約七〇〇人を指導する立場にあった。そして、中国・上海でのクーデター計画を準備するため拳銃・機関銃等の弾薬を調達しようとするが上海で事件が発覚。上海青年党事件に連座し、東京の築地署に思想犯として送られている。六年間の獄中生活の後、昭和一八年に橋本らと大政翼賛会に参加している。こうした右翼活動家としての経歴を持つ武内が、戦後なぜパチンコとかかわるようになったのか。

武内がパチンコとかかわるのは昭和二三年、叔父の頼みがキッカケだった。これが長崎一男との出会いでもあったと生前の武内は語っている。

「当時、長崎一男はオール10を発売したばかりで、ホールも二〇、三〇台の店を豊橋から岐阜にかけて三一軒ももっていた。ところが、経営をヤクザにまかせてあるもんだから配当がちっとも入ってこない。なんとかしてくれと叔父に相談したわけです。私が話をつけるため大須に集まってもらった」

集まったヤクザたちは武内のよく見知った連中だった。戦前、武内は軍の管理工場の工場長をやっていたが、その折、叔父の頼みで約三〇人の興業関係者や露店商を雇い入れたことがある。戦前、彼らはヤミ市の親分になるものが多かった。

「みんな工場で面倒を見た連中なんですよ。向こうはその節はお世話になりましたという挨撈ですよ」

以来、武内は長崎の店を手伝うことになる。当時、長崎はホールの二階で機械を作っていた。社員は五、六人で一日に二台作るのがやっとという細々としたものだった。オール10を開発したといっても生産体制は実に貧弱だった。

長崎と正村との関係については、戦前に長崎がガラス屋をやっていて、その関係から正村もガラス屋をはじめたと武内は語っている。ということは、二人は古くからのつき合いだったことになる。そしてオール10を開発した当初の昭和二三年ごろ、正村と長崎とはお互いにパチンコ機の試作を競い合っていたのである。二三年暮れに、正村が最初に伊藤の工場に機械を買いつけにきた何日か後、今度は武内が伊藤の機械を三台買いにきたという。

伊藤は、「長崎さんといっしょにやっていると言っていました。そのときは、長崎さんが私の作った機械の裏のメカを研究するためだと思いました」と語る。

機械の熱心な研究家と知られた長崎とアイディアマンの正村。二人は互いに切磋琢磨しながら機械の開発に取り組んでいたのであろう。しかし、正村が伊藤と組み、正村ゲージのオール10の発売に向けて量産体制に入っていた昭和二四年秋ごろ、長崎は突然、出奔する。

「長崎が突然、俺はもうやめた。東京へ行くと言いだして東京へ行ったんです」と武内は語っている。その理由について武内は「長崎は正村から借金していて、それの返済で正村とトラブルがあり、東京へ出ていったというのが真相」だと言う。また、佐藤陽代は「長崎さんの父親がものすごい借金をしていて、長崎さんがそれを抱え込んでいました。結局、借金を全部残して逃げちゃった。それで東京へ行ったんじゃないかと思いますね」と語る。

長崎が自ら作った借金ではないとしたら不運としかいいようがない。長崎一男はその後も新機種の製作を試みるが、オール10に並ぶほどの発明はなかったようだ。長崎を知る全国遊技機商業協同組合（全商協）理事長の高梨政己はこう振り返る。

「機械の構造を変えたり、研究したりするのはすばらしい才能を持っていましたよ。でも、商売は下手な人でしたね。長崎商会を作った人ですが成功とはいえませんね。晩年は自分が所有していたパテントを他のメーカーに売って生活していました。決して幸せな晩年とはいえませんでした」

長崎は昭和四〇年過ぎに亡くなっている。パチンコの爆発的人気は、正村と長崎という、あまりにも対照的な人生をも生みだす結果となった。

生きるためにパチンコ屋に勤める

昭和二四年以降、パチンコの人気は急速に上昇し、庶民の娯楽として定着していった。二五年の東京都内のパチンコ店は三八五店。翌二六年五月に五〇〇店、六月に七〇〇店とうなぎ上りに店舗数も増加していった。人気の秘密はゲーム性に加えて景品にもあった。とくにタバコは人気があった。当時は玉二五個でピース、二〇個で光がもらえた。パチンコ店に景品用として流れるタバコの量は毎月二億六一〇〇万本、金額にして六億六八〇〇万円。当時の専売公社にとってパチンコ店は最大の顧客であった。

パチンコの隆盛に対し、苦々しく思う有識者の中には批判的なコメントを述べる人もいた。

「もっと音楽を楽しむとか、スクエア・ダンスをやるとかの健全娯楽の設備を強化して、この浅ましい敗戦遊戯をやめさせよ」あるいは、「どうせ戦後の徒花だ。いまになくなるだろう」と突き放した見方をする文化人もいた。しかし、それは少数派にすぎなかった。逆に、当時のパチンコの健全ぶりをこう表現する識者もいた。

「パチンコはなぜ滅びないか？　賭博性だのなんだのといっても、安価に遊べて、やっている最中は忘我（？）の境に浸り得て、競輪のような実害がいまのところはないという点にあるだろう。いま流行の人生相談を見ても、『夫がパチンコに夢中になって困ります』というのは見当らない。いな、むしろ自宅の近所のパチンコ屋に日曜のひとときをパチンコ、パチンコとピースの二つも取って得々とするような亭主は、昨今まれにみる亭主というべきであって、奥様方はいっそ張り合いがないくらいに安心されているせいもあるのであろうか」

当時は現在と違い、玉一個ずつ込めて弾く単発式である。貸玉料金は一個二円だったから、二〇円で一〇個。これを自分のペースに合わせて打つ。玉一個の動きに一喜一憂しながら遊べるし、穴に入れば玉が一〇個いっぺんに飛び出してくる。タバコの一箱でももらえれば、使った金額に関係なく、もうかったと思える時代であった。

当時、広島市内でパチンコ店を経営していた松尾福三は『全遊連（協）二十五年史』（全国遊技業協同組合、一九七七）の中で店内の風景をこう語っている。

「その当時のお客は非常におもしろく、宴会があっても二次会等はなく、キャバレーなんかには行かずに、パチンコ店へ来ていましたね。宴会の流れでパチンコ店に来て玉を買い、一〇〇円位ずつ玉を分けて競争するのですね。幹事が『ただいまからみなさん思い思いに始めなさい。一番勝った人には、景品を出します』などといってね。招待客をキャバレーに連れて行くかわりにパチンコ店に招待した。二次会はパチンコ店で、というような時代がかなり続いた。私のところでは検事さんたちがよくきましたね。『おいオヤジさん、また来たよ』なんて声を掛けてくれて、二次会のかわりに私の店でパチンコ大会をやられた記憶がありますよ」

どんな職業の人でもパチンコに興じた時代であったし、パチンコ店を開業する人にもさまざまな人がいた。八百屋、魚屋、飲食店からの転業組、さらには警察署長や元官吏（かんり）などの公務員。また、北海道に新天地を求めた小川和也のように、復員兵がパチンコ店に職を求めることも少なくない時代だった。

終戦からほどない時代である。街には浮浪者や物乞いがあふれ、おびただしい失業者を抱え、決して明るいとはいえない世相だった。

パチンコ人生の第一歩を踏み出す

「すいません。ここで使っていただけないでしょうか」

パチンコ店の引き戸を開けた小川は、奥から出てきた黒縁眼鏡をかけた主人らしき男にそう声をかけた。男は、

「まあ、上がれ」

と言うと、小川に背を向けた。玄関は人ひとりがやっと入れるような狭い通路になっていた。小川は靴を脱ぎ主人の後に従った。狭い通路の先の板戸を主人が開いたとたん、チンジャラジャラという騒がしい音が耳に飛び込んでいた。パチンコ台のちょうど裏側が部屋になっていて、真ん中に卓袱（ちゃぶ）台が置いてあった。周囲は、タバコや菓子類の箱が所狭しとばかりに山積み

してある。

「背がでけえなあ、いくつだ?」

あぐらをかいた主人が小川を睨みつけるような顔で聞いた。小川は自分の家族のこと、復員後の生活について話した後、毎日職を求めて歩いているが、なかなか使ってくれるところがないという目下の状況を説明した。

「そこでパチンコっていうわけか」

「ハァ、なんでもやりますから、どうかお願いします」

小川は頭を畳にこすりつけるようにして頼み込んだ。札幌にきたものの、連日職探しに歩いても仕事などまったくなかった。わずかな蓄えも底をつき、毎日の生活もままならなくなっていた。住み込みで働いて食べることさえできれば正直言ってどこでもよかった。人間どん底まで落ちると自分のプライドなど忘れられる。ただ職にありつくことさえできればという一念で小川は開き直っていた。

「そうか、やってみるか。三階の部屋がひとつ空いているから、寝具だけ持って明日きな。しかし、仕事はきついぞ。朝から夜までの商売だからな」

この主人の言葉で小川の運命は決まった。パチンコ人生の第一歩を小川はこうして踏みだしたのである。

主人は以前横浜で警察官をやっていた。一年前に退官し、奥さんの出身地である札幌にやってきてパチンコ店を開業したという。奥さんとは一五歳ほども歳が離れていて、子どももまだ小さいということだった。

小川は帰り際、客の出入口の開き戸を開けて店内をのぞいてみた。先ほど話に出た奥さんが正面のガラス越しに座っていた。ちょっと照れながら軽く会釈をした。先ほどの主人にはもったいないような美人だった。後でわかったことだが、二人は横浜から駈け落ち同然で札幌にやってきたという。

店には一〇人ぐらいの客がいた。立ったまま黙々と玉を売っている。チンジャラの音より、かすれたようなレコードの音楽がひときわ大きい音をたてていた。台番は六二番まであったが、当時は四と九の番号はタブーになっていたから、ちょうど五〇台の店であった。一年前の開店から台をそのまま使っているのであろう。セル板は相当汚れ、玉を弾くハンドルのメッキもはげている。床のコンクリートはところどころ割れており、ベニアに塗装した島板は、部分的に膨れ上がっていた。天井の照明は円形のガラスに覆われた電球がぶら下がっているだけだ。

客の中には、玉五〇〇個入りの木箱をいっぱいにしている人が三人ほどいる。また珍しく女性客が四人もいた。普通の女性とは違って化粧や身なりが派手である。薄野の繁華街のど真ん中の店であることを考えれば、夜の女たちとわかる。

内地からきてまだ二カ月足らず。小川は古びた背広の襟を立て、ポケットに手を突っ込んだままくすんだ空を見上げた。薄野〇(ゼロ)番地。北海道一の繁華街といわれるこの通りはそう呼ばれていた。現在もある公設市場の二軒隣に小川の働く店があった。第一昭和パチンコ――。店に入るときには気づかなかった店名を小川ははじめて知った。台湾で終戦を迎え、復員して内地に帰ったのが昭和二一年三月。七年間、神戸、大阪に居住し、いま札幌まできてパチンコ店で働こうとは夢にも想像しなかった。

こうした思いにとらわれたのはひとり小川だけではなかった。敗戦とその後の政治・経済的混乱は人々の運命をも翻弄（ほんろう）したのである。

共産党からパチンコ業界へ

高梨政己も時代の波に激しく身を任せたひとりである。高梨が軍隊から引き揚げてきたのは終戦の年の昭和二〇年だった。

故郷の東京・湯島は一面が焼け野原と化し、家族はだれも残ってはいなかった。防空壕に住む近所の人に聞き、家族が長野県の松代に疎開したことを知る。松代に家族をたずねると、両親と姉は健在だったが、弟二人が東京大空襲で亡くなっていた。

東京に帰るとさっそく家族が住む場所を探した。たまたま世田谷区三軒茶屋の軍の輜重（しちょう）兵連隊本部跡に建てられた住居に空きがあった。終戦で一般戦災者に開放された住宅だった。高梨は長野県から家族を呼び寄せ、そこでいっしょに暮らすことにした。

高梨は世田谷から渋谷まで歩き、省線に乗っては職を探す日々を送ったが、ある日、目黒区大橋で東京都の復員局の復員業務募集の看板を見つけて試験を受けた。結果は合格。復員局地方世話部の役人となった。二二歳であった。

敗戦のショックに打ちひしがれた当時の青年たちに光明と生きる希望をあたえたのは、連合国軍総司令部（GHQ）の戦後改革に見られる自由と解放、日本の民主化であった。旧体制の秩序や権威を打破し、新しい日本の復興を願う純粋な理想を掲げた青年たちも多かった。高梨が入った復員局には多くの旧軍属がたむろし、軍隊同様に旧階級をひけらかし、いばっている者もいた。局長のイスには元大本営報道部長が居座っていた。高梨らはそうした古い権威に刃向かうべく労働組合を結成した。そして、ついに彼らを追いだすことに成功する。

GHQによって労働組合の結成が容認されるや、全国のいたるところで組合の結成が相次いだ。旧財閥は解体され、労働者は生産管理を掲げ、民主化を叫ぶ学生や労働者のデモ隊がひんぱんに街頭を行進した。共産党員や学者、ジャーナリストが獄中から出てきて英雄として迎えられた。その中には十数年も獄に入っていた志賀義雄、徳田球一ら日本共産党の幹部らがいた。高梨は労働組合結成と同時に日本共産党に入党している。当時は、知識人や学生など、若きインテリの間では共産党に入らずんば人にあらずと言われた時代であった。「デモクラシー万歳、日本共産党万歳」を声高に叫び、近いうちに日本は変革され、自由と平等の革命が起きるものと信じた青年は少なくなかった。

実際に戦後の一時期は革命前夜のような様相を呈していた。獄中から一八年ぶりに出てきた徳田球一の姿は庶民の心を揺るがすこともあった。息子を戦争で失った葛飾に住む両親に徳田球一の話をした娘は、そのときの様子をこう綴っている。

「すると、父はいきなり、さも感心したように首をふって『ひぇェ、一八年！　えれェなァ。なァるほど……』。母は横じわとシミの点の多くなったひろい額(ひたい)を、へっついの火にうす赤くそめて、こう言った。『まけいくさのおかげで、そういう人がやっと牢屋からでられたってわけだね。あーあ、戦争ちゅうに、おれたち住んでる裏長屋までそういう人がきてくれたらなあと、いま思うね。おらあ、それをきいたら、稔なんか、志願してまで兵隊なんかにさせなかったな。……だけど、こんどはいいな。そういうほんとのことをいう人が牢屋からでてきたんだから。よしんば出てこないとしてもだね、おらァ、もう自分の息子を軍需工場だの、軍隊だのにやんねえど、まっぴらごめんだ、こりごりした』。母はまったくこりごりした風に、顔の前で片手をふった」（豊田正子『傷ついた鳩』理論社、一九六〇）

高梨たちの運動が一部の突飛な動きではなく、庶民の共感を持って進められていたことがわかる。ちなみに、高梨の共産党入党の推薦人は徳田球一であった。高梨は党の三軒茶屋分局長も務め、機関紙「赤旗」へ記事を送ったり、各地の労働組合結成に奔走したり、実務家としての手腕を発揮していた。

昭和二二年二月一日。この日、共産党の指導のもとに国鉄や郵便局をはじめ、公務員や各労組を中心に全国的なストライキが計画されていた。だが、この情報を事前にキャッチしていたGHQはストライキの中止を命令する「二・一スト中止指令」である。

このとき、高梨は東京都の職員労働組合の執行部役員であった。すでに、この時期から占領軍の民生化政策が変更されようとしていた。社会主義国ソ連とアメリカは世界戦略を巡る思惑からしだいに冷戦への兆しを見せはじめていた。アメリカの占領地でもあり、対ソ連の防波堤と見なされた日本の共産主義運動もそうした世界の状況の影響を免れなかった。

昭和二五年六月六日、朝鮮戦争がはじまる一九日前のこの日、占領軍は日本の官僚機構、マスコミ、教育機関に所属する共産党員の追放を実施する。「レッド・パージ」である。当時の資料によれば、二五年七月から一〇月にかけて民間企業五四社から一万一一七七人、官公庁から一一七六人がパージされた。都庁の役人であった高梨も無傷ではいられなかった。レッドパージによってついに退職を余儀なくされたのである。

退職後、高梨は党の活動に従事した。新しい職場は党の関係者から用意された。ひとつは消費生活協同組合、もうひとつは東京に結成されるパチンコ機製造組合だった。

当初、高梨は生協に行く予定だったが、急遽変更になってパチンコ機製造組合に行くことになった。だが、履歴書はすでに生協に提出されていた。その結果、高梨の代わりに生協に行った党員は高梨の名を、高梨はその党員の名を名乗ることになった。高梨の新しい名は梅崎栄幸。戦後の大衆作家として有名な梅崎春生の実弟の名前がこれであった。時代の波に翻弄されながらパチンコ業界に入り、新しい業界の礎となるひとりの人間の誕生であった。

3 転落への道

不景気を癒やす庶民の娯楽

「日本は朝鮮の独立を承認し、台湾および澎湖諸島、千島列島および樺太南半、ならびに委任統治下にあった南洋諸島を放棄する」

　昭和二六（一九五一）年九月八日、米国のサンフランシスコで対日講和条約が調印され、日本はとにもかくにも独立国家となった。翌二七年四月二八日にはGHQが廃止され、長かった米軍の占領時代にようやく終止符が打たれた。

　だが、庶民の生活には何の変化もなかった。昭和二七年五月一日のメーデーでは、警官五〇〇〇人と学生や労働者ら数万人のデモ隊が皇居前広場で衝突し、死者二名、重軽傷者一〇〇〇人以上という流血の惨事となった。戦後の一時期にくらべ社会は安定したといっても、依然として生活に明るさは見えず庶民は不景気にあえいでいた。

　しかし、そのなかでパチンコだけは大いに隆盛を誇っていたのである。なぜパチンコが流行るのか。理由は所説あったが、娯楽が少ない大衆の唯一の息抜きの場であるという意見も多かった。

「（パチンコが流行るのは）何といっても安い料金で遊べるということと、うまく当たれば五〇倍、一〇〇倍の景品がもらえるということにある。この遊びは決して三万台の自動車を乗り回して、今日は箱根、明日は熱海という階級のものではない。朝鮮に戦火がまき起こされて以来、いよ〳〵苦しくなった大衆の生活が見出した一〇個二〇円の息抜きの場なのだ」(北原仲一郎「パチンコ総ざらい」/「週刊読売」昭和二六年九月一日号)

息抜きの場は、重苦しい生活のささやかなはけ口でもあった。

「冷たい戦争の激化、ことに朝鮮動乱以来の国際情勢の不安。第三次大戦の恐怖。原子爆弾。さまざまな圧迫は重苦しくのしかかってくる。パチンコで晴らす憂さはいくらだってある。パチンコは孤独な遊びである。相手は人間ではなく、一台の機械である。耳をろうする周囲の騒音も彼には聞こえない。彼の眼が一個の玉を追うだけである。人間相手なら負ければくやしいが、相手が機械なら腹も立つまい、ケンカになるまい。『壁』のように無表情なパチンコでは、人間は傷つけられないのだ。他人から全く隔絶された孤独の忘我——、これがパチンコの世界である」(石黒敬七『パチンコ必勝読本』東京文庫、一九五二)

夢や希望を抱くにはまだ生活の足元が揺れていた厳しい時代である。精神的な不安定期にあった日本人とパチンコが微妙に感応した時代であった。

当時のパチンコの客層はさまざまだった。堂々たるチョビ髭の重役クラスから、くたびれた鞄をぶら下げたサラリーマン、日雇い労働者、職工、子ども連れの主婦、中学生や女学生もいた。ホールに「保護者の同伴なき一八歳未満はお断り」と貼紙があっても、それは表向きのことだった。玉が出るたびに「キャーッ」と矯正を上げる女学生、たまった玉を手に持つのを嫌い、ハンカチに包み次の機械へ運ぶ清潔好きな女性もいたという。こぼれた端玉(はだま)を目に見えぬすばしっこさで拾う小学生もいた。

正村ゲージに端を発した当時のパチンコブームはまさに〝健全な庶民の娯楽〟といえた。店舗数もうなぎ上りに増え、昭和二七年には機械メーカー四六六社、パチンコ店も四万五三一七店を数えた。当然ながら店舗間の競争も激しくなった。当時は三〇台、五〇台の店が多かったが、新店は一〇〇台以下ではろくな商売にはならないともいわれた。

正村ゲージのオール15の全盛期に、同じ機種ならば別な手段でお客を呼び込もうとする店も現れた。店内設備とサービスの充実である。東京都内では夏には扇風機が取りつけられた。また、「玉が出ないぞ」と叫ぶ声が消え、ボタンを押すとブザーが鳴り、赤ランプが点滅するようにもなった。あるいは店内にソファを置き、鉢植えを配し、お茶まで提供する店、客の呼び出しを店内アナウンスしてくれる店も登場した。

まだ換金がなかった当時の最大の魅力は景品だった。店は景品の品ぞろえにも力を入れた。タバコの種類も増え、カレー粉、洗濯石けん、マグロやシャケの缶詰、福神漬、味の素、歯みがき粉、たわし、ちり紙などの家庭用品も登場した。関西ではコロッケ、トンカツなどの総菜を出す店もあった。男性客ばかりでなく、買物袋を下げた主婦層もターゲットになっていたのである。だが、店やメーカーの経営者は果たしてこのブームがいつまでつづくのかという一抹の不安も感じていた。一年前に降ってわいたパチンコ人気だけに、当然の心配であった。

単発式から連発式へ

ところが、昭和二七年暮れ、さらにブームを加速させる機械が登場した。機関銃式と呼ばれるものだ。正村式と同じ名古屋から生まれたのだが、作ったのは業界とは無縁の新規参入の企業だった。開発者は菊山徳治。戦後、染色業を皮切りにスタートした菊山の会社は小野田セメントの代理店となっていた。商才に長けた菊山は中部電力、名古屋鉄道など大手企業との取り引きを相次いで成立させ、扱い高は小野田の代理店の中で全国一を誇ったという。また、菊山は株の世界にも手を広げ、当時名古屋では名前を知らない者はいないほどの大物相場師でもあった。その菊山がなぜパチンコ機械の開発に乗りだしたのか。彼の下で働いていた原田義彦はこう語る。

「社長自身パチンコが好きでした。開発をはじめたのは玉を一個ずつ入れていたのでは不便だ、というのがキッカケでした。『原田君、セメントでも一番になったんだからパチンコでもやれるよ』と言って、会社に出てこないでパチンコ機の開発に打ち込んでいましたね」

同じ名古屋で正村竹一がパチンコで成功して巨万の富を築き、〝今太閤〟と呼ばれていたことは菊山の頭にも当然あったろう。実力と才覚でのし上がった正村竹一。同様に実績に裏打ちされた商売の自信を持った菊山であれば、俺にできないはずはないと考えても不思議はなかった。

機関銃式とは最初に一定数の玉を自動玉入器に入れておけば右手一本で打てる機械である。左手で一個ずつ玉を入れて弾いた単発式にくらべ、三倍から五倍のスピードで打てる画期的な機械だった。菊山はさらに出玉が自動的に発射台の位置に集まる循環式も考案し、完全に左手の役割を不用にすることに成功した。こうした機械は当時、連発式と呼ばれた。

菊山のアイディアはそれだけではなかった。従来の機械は玉がつづけざまに二個入賞しても一回入賞分の玉しか出なかったが、連続して入賞しても入賞した玉の数だけちゃんと玉が出る方式も導入した。これを連チャンと呼んだ。こうなるといやが上にも玉を打つスピードは速まる。原田はこの機会を機関銃式と呼ぶ。

「当初、店にこの機械が出たときはお客さんはピンとこなかったみたいですね。あまりに速すぎて唖然としていました。単発式にくらべると本当に機関銃みたいに玉が飛びだす。なんとなく勝手が違うという感覚だったんじゃないでしょうか」

機関銃式は発売後、わずか数カ月でパチンコファンを魅了した。

機関銃式で見事に当てた菊山は小野田の代理店をやめ、豊国遊機製作所を設立する。パチンコ機械の製造一本にしぼったのである。機械一台の価格は七〇〇〇円、それが月産三〇〇〇台ベースで全国に飛ぶように売れた。連発式が単発式にとって代わり、昭和二八年暮れには全国のほとんどの店が菊山の連発式を導入するまでになった。当時の雑誌は連発機ブームを次のように報じている。

「単発式もようやく客にあきられてきて、パチンコもいよいよおしまいだ、と噂されるようになった時、出現したのが機関銃式である。考案者は名古屋の豊国遊機である。このスピード感が、客の好みにあって、業界は持ちなおしたばかりか飛躍的に発展した。考案者豊国遊機は正村を追い越すほどの業界の雄になったのであるから、機関銃式がどれほど客に受けたか想像に余りある。循環式はさらにスピードアップするために考案されたもので、循環式でなければパチンコにあらずとまで言われるようになった」（「丸」昭和二九年七月号）

正村ゲージが第一期のパチンコ黄金時代を築いたとすれば、連発式によって第二期の黄金時代を迎えたことになる。

ところで、菊山のもうひとつの業績として見逃せないのが、業界ではじめて機械の特許を取得したことである。菊山は何かを開発するたびに東京の特許庁に足繁く通ったという。原田は忘れられない思い出をこう語る。

「東京から名古屋へ夜行で帰る途中、小田原付近で社長が『あっ、大事なことを忘れた。東京へ戻る』と言いだしたんです。もう一回、特許庁に行ってくるというわけです。こっちは名古屋へ帰ってから郵送で送ればいいじゃないかと思ったんですが、社長は『いいか、パテントというのは一分一秒でも先に申請したほうが勝ちなんだ』と言い、そのままひとり小田原で降りて東京へ引き返したんです」

特許にかけるこうした執念も、菊山の才覚の一端を示すものだろう。そして菊山はあのオール10の考案者とされる長崎一男の持つ技術も譲り受け、昭和二七年ごろに自らの特許とした。その技術とは、前述した連チャンである。昭和二八年ごろ、東京の浅草にいた長崎に頼んで譲渡してもらったという。長崎が考案したというオール10が正村竹一によって一大パチンコブームを作れば、今度は菊山が連チャン機で全国を凌駕する。パチンコの黄金期を築いた長崎、正村、菊山の三人の奇妙な因縁に思いをいたさずにはいられない。

現れはじめた社会の〝ひずみ〟

連発機に話を戻そう。単発機は玉をどんなに速く打っても一分間に五、六〇発だったが、連発機は一三〇発以上打てた。当時、玉は一個二円であるから一分間で二六〇円。一〇分も打つと二六〇〇円になる。機械メーカーだけではなく、当然ながらパチンコ店も大いに潤った。当時の様子を会津若松でパチンコ店を開業していた堀川三之助は次のように語っている。

「当初、豊国さんが、考案した連発機を全国で一番初めに使ったのです。若松の店に五、六〇台いれたのですがね。あの当時の金で台当り大体八〇〇〇円から九〇〇〇円の売り上げがあったのです。なにしろ無制限だから……。しかしそれが割数は二割か三割だから、それはもう目茶苦茶でしたね。こんな具合だから負ける人は相当負けていたわけですよね」(『全遊連(協)二十五年史』)

割数とはパチンコ店の営業利益率を示す数字である。玉四円、二円五〇銭交換の現在の一般的なレートでいえば、一〇〇発打って出玉が一三〇発から一四〇発ならば普通営業だろう。この場合、割数は一三割、一四割という。だから二割、三割ならボロもうけもいいところである。店にとって笑いが止まらないというのはこのことであろう。だが、それでも庶民のパチンコ熱は衰えるどころが高まる一方だった。

当時のパチンコ業界は社会経済的に見てどの程度の位置を占めていたのか。パチンコ店の組織である全国遊技業組合連合会(全遊連)の調査では、当時の店舗数は五万三〇〇〇軒となっている。一軒当りの平均台数を四〇台とすれば、全国の総台数は約二〇〇万台になる。売上げは一日台当り平均五〇〇円。ということは、全国で一日の売上げは一〇億円にも上る。一カ月で三〇〇億円、一年に三六〇〇億円である。昭和二八年度の競輪の売上げが六〇五億三〇〇〇万円というから、パチンコの約六分の一にすぎない。常設映画館の総売上げはパチンコのわずか一カ月分の三〇〇億円である。ちなみに当時の国家予算は一兆円であった。すでにパチンコは日本を代表する巨大産業にまで発展していたのである。

また、当時は現在のような特殊景品による換金がほとんどなく、タバコなどの一般景品との交換率が一〇〇パーセントの時代である。景品を製造しているメーカーの売上げにも多大な貢献をした。当時の雑誌（「丸」昭和二九年七月号）のレポートによれば、景品交換の六割を占めたタバコの売上げは年間一六〇〇億円だった。日本専売公社の年間売上げは二〇〇〇億円。なんとその大半をパチンコの景品が占めていたことになる。商品がパチンコの景品になることによって、有名調味料メーカーの株価が上昇したともいわれる。東京、大阪、名古屋の傾きかけた菓子製造メーカーがパチンコブームで息を吹き返したともいわれた。まさにパチンコ特需である。

未曾有のパチンコブームは昭和二九年に入ってさらにエスカレートしていく。各メーカーは玉の発射速度のアップとスリルを高めようとしのぎを削った。そして、驚くべき機械がついに登場した。電動式連発機である。原田が語る。

「私は銀座の店ではじめて見たんですが、驚きましたね。客は手を使わずにただ見ているだけで、玉は自動的に弾かれるんです。これはもう博打の機械だと思いましたよ」

もはやハンドルを弾く右手すらもこの機械は不用にした。お客は玉を買い、玉皿に投げ込むだけ、あとは機械が打ちつづける玉のゆくえを静観していればいいのである。一分間に二〇〇発以上の玉を自動的に弾いたという。

この電動式連発機は名古屋のツバメというメーカーが考案したものだが、この機械もまたたく間に全国に普及していった。昭和二四年に正村式が登場して以来五年間で機械は急速な進歩を遂げた。お客に好まれるゲーム性の追求の結果ではあるが、ある一線を越えてしまったことは間違いない。

「このままではすまない、いつか当局にやられるのではないかとメーカーも感じていましたね。しかし、当時はわれもわれもと、売上げを少しでも伸ばそうと考える経営者が多かったのです」(前出・原田)

また、東京で店をやっていた宮本政春はこう述懐している。

「あの時私も連発機を使っていましてね。これはえらいことになるんじゃないかと何か空恐ろしかったですね。何か収入とお客が使う金のバランスが崩れていました。月給一万円ぐらいの時に一〇〇〇円ぐらい簡単に使いましたからね」(『全遊連(協)二十五年史』より)

バランスが崩れれば当然ながら〝ひずみ〟も発生する。「夫がパチンコに狂い、離婚した」というパチンコ離婚という社会現象がマスコミでも取り上げられた。

「東京都板橋区のある工員(四三)は妻(四〇)と男子二人の四人暮らし。一昨年ごろからパチンコにコリだした。一万五〇〇〇円のサラリーのうち、三日に一度ずつ妻に二〇〇円ぐらいを渡すだけであとは全部パチンコ資金にしてしまい、生活がしだいに苦しくなり、子供らの学校給食費もとどこおり、遠足も運動会も参加できぬ有様。内職でほそぼそ暮らしていた妻が意見しても聞き入れず、離婚の申立てとなり、この夏、離婚が成立した」(「週刊朝日」昭和二九年一二月二八日号)

景品買いの横行

連発機は大損する者もいれば、反対に大儲けする者もいる。大儲けした者が景品を換金したいと思うようになるのは自然の流れであった。連発機の登場以来、店先での景品買いが目立つようになった。景品買いをする人びとを当時は買人と呼んだ。当初は堂々と店内で声をかける買人もいた。札幌の店で働いていた小川和也がこう証言する。

「当時はタバコ買いが店内に入り込み、出玉の多い客のそばに寄っては『お客さん、帰るとき、ピースと金を交換しませんか？　換えてあげるから後で呼んでちょうだい』などと言って換金しだしたのがはじまりですね。閉店後、その元締めなる者がピースを一〇個ずつブックバンドでまとめて店の経営者に売り戻しにきた。もちろん、タバコの箱が破損しているものは受け入れないし、よく点検して買い戻しをする。彼らのほとんどがヤミ屋から転業した連中で、おばさん連中を雇って商売をしていた」

東京でもお客を相手に執拗な景品買いが横行した。当時を知る業界関係者はこう話す。

「買人にはノルマがあったんです。だからお客がいやがっているのを追いかける。東京の志村のほうではタバコを持っているお客にそいつを売らないかと言う。ダメ、ダメと言うと、おまえいい度胸じゃないかといってね。売らないのかとすごまれるから仕方なく売るのですよ。そうするとタバコ二〇個に対して、一〇〇円玉ひとつぐらい置いて、はいよとだされる。お客が足りないと言うと、おまえ、これで不服かと言い全然話にならない。まるでひったくりみたいなことをやるんですよ」（『全遊連（協）二十五年史』より）

やがて、パチンコ店の近所に景品の買い受け値段を掲示した景品買受所なるものが登場する。こうした商売に暴力団が乗りだしてくるのは時間の問題だった。また、何より問題なのはギャンブル化が進むにつれて客層がガラリと変わり、店内の雰囲気が殺伐としてきたことだった。

パチンコが庶民の健全な娯楽とはほど遠い世界になっていった。小川がこう語る。

「暴力団といってもチンピラ連中がよくきました。客に因縁をつけて玉は取ったり、パチンコに負ければ、パチンコ台の下の腰板を蹴ったりガラスを割ったりするくらいのことは日常茶飯事です。警察官を呼んでも、逆に警官を馬鹿にして暴言を吐くのが関の山といったところです。私が彼らを店外に連れだして脅かし、二度とこないように威圧しなければ収まらないような時代でした。チンピラとやりあい、シャツに血がつくなどということはしょっちゅうでした」

連発式禁止令

昭和二九年一一月一六日、東京都公安委員会は翌年の四月一日から連発式パチンコを禁止することをついに決定した。翌一七日には警視庁管下の九一署にこの旨を指示するとともに、一八日にはパチンコ業界の代表を集めて通告した。

東京都公安委員長の堀切善次郎は連発式機械禁止の理由をこう語った。

「連発式が普及し、これ以上放置するとその弊害も激増するという限界となったのだ。一回の料金は二〇円。景品はその五倍までという線で、健全娯楽として認めてきたのだが、今日の連発式では、娯楽の範囲を越えて、もはや一種の賭博行為と見るほかはない」

連発式禁止の背景には世論の反発もあった。「毎日新聞」は当時、社説にこう書いている。

「パチンコは初期の時代にはまずご愛嬌程度であったが、今日のパチンコはすでに社会現象としても放置できぬものになった。至るところにパチンコ屋ができて早朝からやっている。またたく間に一日の労賃に相当するぐらいの金をすってしまう。景品買いという新商売ができ、パチンコ屋を中心に暴力団すら生まれているそうだ。家庭裁判所に持ち込まれる離婚事件の中に、最近ではパチンコが原因となっている家庭悲劇も少なくないということだ。こうなるとパチンコは社会悪の一つの温床である」

禁止令がだされる直前、高梨政己は機械メーカーの団体である東京都球遊器製造工業組合の事務局長をしていた。

「禁止令がだされる何日か前に組合に警視庁から電話があったんです。事務所は私ひとりしかおらず、それから大騒ぎです。急いで組合長の石原さんに電話をしました。当時、石原さんは品川区の区議会議員をしていました。その関係で親しい国会議員に連絡を取り、東京都遊技場組合長の松岡豊さんなどといっしょに警視庁に事情を聞きにいったんです。向こうは『公安委員会でこう決定する。ついてはあなたたちもそのつもりで対処するように』と有無もいわせぬ言い方です。それから一年かけて撤回を求めて陳情や請願など反対活動を展開しました」

警視庁の連発式禁止令が発表されるや、全遊連をはじめとする業界団体は当局へはもちろん、政治家のルートを通して猛烈な陳情を繰り返した。当時、その中心メンバーであった平和(旧・平和工業)の山田喜一朗は次のように語っている。

「私のところで宣伝企画を担当した菊地君の先輩の村田さんという人が、熱海のツルヤホテルの社長である畑山鶴吉代議士の秘書をしており、この人に頼もうということになった。ところが、事の本質は世論対策にあるのではと指摘され、早大教授で読売新聞論説委員の梅田先生を紹介された。そこで後日設けた席へ四人の論説委員の方が見え、いろいろ議論の末、大衆娯楽を役人的な発想で禁止するのは、連発が今日の自動車とするなら、あたかも駕籠の昔に戻すようなものだ、ということになり、数日後、社説の中にその主旨を書いてくれました。それから梅田先生が前警視総監の田中栄一先生と懇意だということで紹介された。それで、ただ会っても仕方がないので、しかるべき資料を作ろうということになり、私と梅崎事務局長でその任にあたった」（『全遊連（協）二十五年史』より）

梅崎とは、当時、東京都球遊器製造工業組合の事務局長をしていた高梨政己のことである。高梨は当時を振り返りこう語る。

「品川の旅館にこもり、山田さんと連日連夜寝食を忘れて各方面への陳情書類の作成をやりました。警察だけでなく、通産省、さらには四万軒の店で働く従業員や下請けをふくめ、たくさんの人が失業に追い込まれるということで労働省にも陳情に行きましたね」

また、全遊連は連発式禁止へ対応するために危機対策委員会を設置し国会への請願活動を展開する。翌三〇年四月には国会へ請願書を提出している。その内容の是非はともかく、警察当局に対する単なるお願いの文章とは違い、堂々たる論陣を張っているのが興味をひく。

「これ（連発機）が許可できぬものとすれば従来許可してきた行政当局は、いかなる責任をとられるのでしょうか。あれは間違っていたから禁止すると簡単に一片の指令でパチンコ業者を生活の危機に追い込むのは、無責任も甚だしいといわざるをえません。公僕としての行政官が、そのように簡単に国民の生活権を侵害するようでは、警察国家、専制国家と何等えらぶところがないのであって、いやしくも民主主義を原理としてたつ今日の日本においてとらるべき方法ではないと思います。ましてや競馬、競輪、競艇、オートバイレース、宝クジ等、純然たる賭博法がかっ歩している現代日本において国民大衆にもっとも手軽で安易な娯楽として、パチンコが普及している今日、連発式パチンコのみが、賭博的の汚名で禁止される何等の法的理由はみいだせないのであります」

まるで挑むかのような論調は、今日の業界団体と警察当局の関係を考えれば今昔の感に堪えない。こうした業界の言い分にもかかわらず、マスコミを中心とする世論の反発は強かった。パチンコの廃止論まで飛びだすほどだった。当時の社会党政策審議会長・勝間田清一は連発式どころかパチンコそのものを厳しく非難していた。

「たんに連発式を禁止すれば健全になるとか、国営にすれば健全娯楽に導くことができるとか考えるものは頭がどうかしてる。中国や、その他の独立国なども、旧支配者の下では希望も生活もなかったが、一たび変革されるや、今までに見られなかった民族の熱情も力も文化も生まれてきている。日本にはこれがないのだ。だから、パチンコは、パチンコだけにとどまらず、そこから流れる悪は、日本の骨髄までむしばんでいる」(「週刊朝日」昭和二九年一二月二八日号)

しかし、こんな事態に陥るまで監督官庁の警察庁が放置していたのも事実である。これまで機械について具体的な基準を設定していなかったし、連発式全盛時代にもこれといった指導はなかった。

「風俗営業法にパチンコが記載されていますが、機械についての具体的な基準はないし、また、営業許可もオープンしてから届け出るといったこともよくありましたね」(前出・高梨)

その警察当局がどういう経緯で連発式禁止におよんだのか。東京都公安委員会の連発式禁止令から一カ月後の二九年一二月一八日、警察庁刑事部長から警視庁および各道府県警本部長あてに一通の書類が送付された。マル秘扱いとされたその文書のタイトルは「ぱちんこ遊技に関する事務上の参考資料」となっている。実は、この中に警察庁がとった連発式禁止の経過が記されている。まず、連発機について以下のような認識を述べている。

「ぱちんこ遊技においては、連発式ぱちんこ機の出現により、遊技玉の発射速度が著しく速くなり、従って技倆（ぎりょう）介入の余地なく得喪（とくそう）の差甚だしく、短時間に高額の金銭を消費され、著しく射幸心をそそり、善良な風俗を害するようになってきたと見られる」

「技倆介入の余地なく得喪の差甚だしく」とは刑法の賭博罪から援用したものである。単発式の機械であれば、玉を弾く指の力を調整することによって、ある程度本人の技術で入賞が可能だが、連発式パチンコ機では客の技術が介入する余地がないということだろう。しかし、電動式連発機はともかく、警察庁が連発式とひとくくりに禁止している循環式連発機は技術の介入が可能であり、解釈は分かれるところだ。

警察当局はとるべき処置として次の五つの選択肢を挙げている。

①ぱちんこ遊技の全面的禁止。
②賞品（景品）を認めない。
③玉の発射速度が著しく速いものは認めない。オール15以上を認めず、賞品については一品一〇〇円以下とし、同時に賞品の現金化を防止する。
④オール15以上を認めない。賞品は一品一〇〇円以下とし、同時に賞品の現金化を防止する。
⑤遊技機、賞品は現在通りとし、もっぱら賞品の現金化防止に努める。

以上の選択肢の中で最終的に決定されたのは③である。②④⑤は現状では効果が薄いという判断を下している。

そして注目すべきは、①の全面禁止は世論や一部有識者に賛成がありながらもあえて選択しなかったことだ。正村式が全盛だった昭和二六、七年、老若男女が集まり、みなが一様にパチンコを楽しんでいた時代が警察幹部の脳裏にまだあったのであろう。その理由を文書ではこのように表現している。

「ただ、懸命に働いた後のつかれた身体、またすさんだ心は適当な娯楽またはいこいを要求するのであって、人間はこれによって明日への生命欲、生活意欲を保持向上させることができるのであろう。敗戦という有史以来の大打撃を受け、経済的、精神的に暗澹たる無気力な状態にあるとき、ぱちんこ遊技が多くの人のリクリエーションとなり、娯楽となって、明日への意欲を奮い立たせたこともあったと思われる。また、ぱちんこ遊技が射こう心をそそるおそれのある遊技であることはいうまでもないが、人間に射こう心というものがある限り、射こう心をそそるおそれのある遊技を全廃することは不適当であり、ぱちんこが健全な方法で人間の射こう心を満たすものであれば、禁止する必要はないと思われる」

パチンコ店一万店を下回る

全廃とはならなかったものの、連発機禁止は業界に大打撃をあたえた。廃業・転業する者が後を絶たず、実に最盛期の店舗の七割が消滅し、営業店舗は一万店を下回ったのである。ひとむかし前の単発式でやれといわれても、いったん連発式に慣れた客は単発式に戻れない。武内国栄は生前にこう語っている。

「今まで一二〇、三〇発打てたものがそうでなくなったり、手打ち式になったけどこれも時代錯誤でつまらない、ということで客は急速にはなれていき、まさに風船がしぼむようにホールは廃れていきました。一方、メーカー側も売り上げ金がとれない、これまで儲けた人もこれ以上仕事を続けていると倒産するということで転・廃業者が相次ぎ、最終的に八〇社くらいに減りました」（『全遊連（協）二十五年史』より）

昭和三〇年三月三一日深夜、北海道札幌市内の狸小路のパチンコ店で小川和也は必死に機械をいじっていた。連発機を従来の単発機に改造し、四月一日の営業に間に合わせるためである。翌日の開店時間にはなんとか改造が終了したが、お客は通常の半分以下だった。お客のほうも事前に単発機に戻ることを知っていたのである。知らずにきた客が機械を見て毒づいた。

「なんでェ、この機械は。クソおもしろくもねえ」

腹いせに機械を叩かれる、さんざん苦情は言われる。そのうち客はひとりもいなくなった。明日からの営業を思えばゾッとする一日だった。この日から三カ月もたたないうちに周辺の小さな店は軒並み姿を消した。とにかく釘を開き出玉を多くし、赤字覚悟の思いで臨む苦しい日々がしばらくつづいた。

「当時はあまりにギャンブル性が高い営業をしていたのだから、もっともといえばもっともの措置でした」

と、小川は述懐する。

愛知県名古屋市にある正村竹一の工場はすでに往時の勢いをなくしていた。

「そんなに出ませんでしたね。最終的には月産数百台にまで落ち込みました。二〇年代の黄金時代は終わっていました。仕事がないものだから、従業員もどんどんいなくなりましたね」

と、伊藤寿夫は当時を振り返る。

正村竹一は早くから第一線を退き、ホテル業を中心とするさまざまな事業に乗りだしていた。昭和三〇年、正村は傘下の工場長たちを集めてこう言った。

「みなが作るほどもう売れないぞ」

たった一言だった。これを機に、正村の工場は直営のみを残して、七つの提携工場をすべて解散した。

正村は昭和三一年、赤倉温泉ホテル太閤を開業して本格的なホテル事業に乗りだす。ホテルを増築していく一方、マンション経営にも手を広げた。昭和四一年には直営工場も閉鎖し、パチンコ機械の製造から事実上撤退する。

だが、パチンコをやめても正村の旺盛な事業欲はとどまることを知らず、四二年にはガソリンスタンドの経営にも着手し、その後もいかんなく商才を発揮した。しかし、昭和四八年六月、正村を病魔が襲った。正村は肺ガンの宣告を受けて入院することになった。ベッドに横になった正村は、医師と次男の勝一に向かってこう叫んだという。

「まだやることがいっぱい残っとる。いま死んでなんかおれん。一億円持ってこさせるで俺の命を助けろ。勝、いますぐ一億持ってこい！」

昭和五〇年一〇月、戦後の焼け跡が生んだパチンコの神様は六九歳の生涯を閉じた。

4 絶望からの脱出

パチンコ業界の大不況

電光石火のような昭和二九（一九五四）年一一月の連発式禁止令はパチンコ業界を混乱の渦に陥れた。翌三〇年四月一日には、全国のほとんどのパチンコ店は連発機を入れ替え、単発機での営業を余儀なくされた。しかし、連発機に親しんでいた客の大半は旧式の機械に見向きもせずしだいに足が遠のくようになる。そして街のパチンコ店は歯が抜けるようにバタバタと廃業に追い込まれていった。

折しも、日本経済はようやく復興の兆しを見せはじめていた。朝鮮戦争による特需景気は産業界のインフラ整備と設備投資を促し、さらには民生用の製品開発の起爆剤にもなった。テレビ、電気洗濯機、電気釜など電化製品もしだいに普及しはじめていた。産業の復興とともに、職を求めて農村から都市への人口の流入がはじまった。

「泣けた、泣けた、こらえきれずに泣けたっけ～」ではじまる春日八郎の『別れの一本杉』がヒットしたのもこのころだった。故郷を出るとき別れた娘を遠い都会の空の下で想う男心の切なさを歌った流行歌である。ラッシュアワーの国電で乗客の尻を押して車内につめ込む「押し屋」も話題になった。大浴場と舞台演芸が楽しめる都市の娯楽施設として、船橋ヘルスセンターもオープンした。三〇年七月には本格的なジェットコースターを備えた後楽園遊園地が開業している。

戦後一〇年。高度成長の幕開けを前に、大衆の心にも明るい展望が見えはじめていた。だが、こうした世の中の動きとは裏腹に、パチンコ業界は展望どころかその存続が危ぶまれる危機的状況に瀕していた。

連発式禁止から一年半後の昭和三一年一一月二日、全遊連は全国公安委員会に陳情書を提出した。その文面は禁止令以降に業界を襲った〝悲劇〟の実態をこう訴えている。

「……ご指示の単発式実施直後より日を出でずして、果たせる哉、関係者からの倒産、失業続出の有様で、その最盛期には五万軒を越えたる遊技場業者は、ついに今日三分の一以下の約一万五〇〇〇軒に減少と相成りました。この間各地とも、種々陳情等を続けましたものの事態は依然好転せず、失業者の悲惨、これに加えて寒心に堪えざる数千の転落女性出現の現実に遭遇いたし、当局も恐らく想像されざりし悲境を暴露のまま、機械メーカー側も共に呻吟の状態であります。かくて『ご指示に従えば快路の日和もあり、いよいよの場合はその時のこと』という含みも望みも絶え果て、いよいよその時に至りました」

数千の転落女性とは、パチンコ店で働いていた女性たちが失業し、仕事の当てもなく水商売や花柳界に流れていったことを指している。

まさに業界は絶望のどん底にあった。連発機隆盛の時代はもはや過去の夢と化し、だれもが生き残ることに必死だった。

昭和二九年の連発式禁止令以降のパチンコ業界の足跡を改めて辿ってみよう。警察当局は昭和三〇年一月、単発式への切り替えにともなって新しい機械基準を通達してきた。従来、機械は「射幸心をそそる恐れのないもの」という抽象的な表現にとどまり、明確な基準はなかった。それが、ここではじめて具体的な機械基準を提示したのである。

基準は一式、二式、三式と三つに分かれていた。一式とは遊技球を手で持って、一玉ずつ側枠から投入して発射するもの。二式とはあらかじめ遊技球を投入して順次自動的に発射される循環式であってもよいが、発射球がアウトかセーフになった後でなければ次の発射ができないものであること。三式とは循環式と自動発射を備えてもいいが、遊技球の発射数が一分間に六〇発以内のもの——。

一式の単発式以外の循環式は、いずれも従来の循環式が持っていたスピードとゲーム性とはほど遠いものだった。さらにもっともゲーム性に乏しい一式においてさえ連チャンを認めていない。このことが客とのトラブルを起すもとになった。この場合の連チャンとは、玉が複数連続して入賞した場合、これに応じて玉をだすことである。ところが、二個入賞しても一個の入賞分しか玉が出ないため当然客は怒る。従業員と客とのトラブルが絶えなかった。

業界は連チャンをなんとか認めるよう当局と粘り強く交渉した。その結果、機械の表枠にセットした押しボタンの操作で、プールされた入賞分の出玉を払いだす機能を認めさせることに成功した。

警察当局の厳しい規制を少しでも和らげようとする地道な努力に、業界の必死の様相が伝わってくるようだ。店側にしてみれば、その一歩ずつの積み重ねこそが、遊びにくる客を遠のかせないための有効な方法であった。もはや機械に頼れない中で、パチンコ店は自らの経営センスと地道な顧客へのサービスでしか生き延びる術はなかった。

必死の経営努力

連発式禁止は警察の一言（規制）で商売ができなくなるという恐怖を業界に植えつけた。さらにふたたび当局の規制が入るのではないかという疑心。パチンコ業に対するそうした思いは業界人の胸に深く刻み込まれることになった。禁止令直後の大田区のパチンコ店経営者は警察の規制に対する恐怖を次のように叫んでいる。

「何の商売にも浮き沈みはあるものだが、パチンコも今後何年間は五、六年前の原始的な姿で細々と生きていくことになろう。中にはこれが第一の弾圧で、結局は取りつぶすのではないかと見る人もいるが、私はそこまではいくまいと思う。しかし、もしそういう腹ならそうとはっきり言ってもらいたい。そして補償してもらいたい。真綿で首はまっぴらだ」（「週刊サンケイ」昭和三〇年三月一三日号）

三〇年四月からの連発式禁止を前に、この商売に先行きの不安を感じて店を閉じていったパチンコ店も多い。しかし、一方でこの難関を切り抜けようとする人たちもいた。

当時、茨城県日立市でパチンコ店を経営する高濱正明もそのひとりだった。高濱は昭和二九年四月、六五台で開業した。九月には増築し、約三倍の一八〇台に店を広げた。ところが、わずか三カ月足らずで連発式禁止令がだされたのである。高濱が当時を振り返る。

「爆弾がドーンと落っこちたような感じでしたね。全然予想もしていなかった。それまでは順調でしたし、この商売をやってよかったと思っていましたからね。それでも何とか切り抜けようと、来年の四月に向けて生き残り策を必死で考えました」

高濱がまず考えたのは、施行までに客を単発機に慣れさせておこうということだった。そのため、翌年一月から台の二割を単発機に切り替えた。三カ月の間に単発機に親しんでもらい、施行以降の客の減少を少しでも食い止めようという戦略である。次に打ちだしたのが積極的な宣伝作戦だった。当時珍しかった中古のフォードを八万円で購入し、店の宣伝車として使用した。

「車を真っ赤に塗装し、さらに車の両脇に金馬車という店名と宣伝文句を私がドロ絵具で書きましてね、車の中にレコードプレーヤーを設置して、『軍艦マーチ』を流しながら一日中、日立市内を走るんです。この難関を切り抜けるにはこれしかないと思ったんです。これを単発式に移行後も二年間つづけました」

宣伝文句は「出します。取れます。パチンコやるなら金馬車」だった。連発式禁止施行前に単発機に慣れさせるやり方、それに宣伝作戦。客の減少を食い止めようというよりは新規の客を開拓しようと、より積極的な戦略を展開した。この方法が結果的に店の存続を可能にした。

「売上げはたしかに減りました。三〇年の一月は一日で二四〇万ぐらいありましたが、四月以降は八〇万です。三分の一に減りましたが十分採算に合う数字でした」

こうしてなんとか難局は乗り切った。しかし、連発式禁止令などの措置によって影響を受けるパチンコ業は不安定であるとの思いは高濱にもやはり拭えなかった。

「パチンコという商売が一片の政令でだめになってしまうのでは先行きどうかな、という気持ちもありました。他の事業もすでに考えはじめていましたね」

二年後、高濱はレストラン業に進出する。東京の銀座からコックを呼び、日立市内ではじめてという本格的な洋風レストランである。当初、日立に高級レストランは流行らないという風評が立ったが、しだいに市民の人気を得るようになった。これを機に、つぎつぎと飲食部門を展開していくことになる。

スマートボールで生き残る

連発機禁止後の業界人には、やはり同様の不安からさまざまな事業に手を染める者も少なくなかった。たとえば大阪で営業していた池田文雄は当時をこう語っている。

「私はあの時分、機械を作っていました。連発が中止になってスマートボールをこしらえるようになったわけです。スマートに代えてもあんまりよくないもので店を改造して、大阪で流行っていたヌード喫茶に切り替えた。そして夕刊で募集も出した。ところがあくる日には手入れを受けまして、結局そういう営業は許さんという。店は八分とおり出来上がっているし、困ってしまい一週間寝ていました（笑い）。それからというものは、どうしたらいいかというのでその店だけは下をパチンコにして、二階で二年ほど前までヌード喫茶でなく、アルサロ式な商売をやっていたのです。だから私にすれば本当にこのパチンコはその時代で終わるのじゃないかという感じがしたのです」（『全遊連（協）二十五年史』より）

ここに出てくるスマートボールが、実は凋落（ちょうらく）するパチンコの危機を一時期食い止めることになる。連発機禁止後の六カ月から八カ月という短い期間ではあったが、このスマートブームによって業界は何とか食いつないでいくことができた。メーカーの大半もスマートボールの製造を手がけた。当時、東京で機械を製造していた高木章もこう語っている。

「私が企画した機械はきわめて原始的な機械なんですが、単発機に飽き足りないんじゃないかということで計画したことが、期せずして当ったということでびっくりしました。はじめはパーツだけを売っていましたが、パーツを買うお客さんが、うちまで金持ってわんさときて『俺のほうが先だ』って大騒ぎするぐらいだった。ある人が『これなら機械も作れ』というわけで、にわかに吉原のところに工場を買って昼夜兼行で作った覚えがあります」

しかし、このスマートボールはパチンコにくらべ店内のスペースが余計にとられる。一店舗にパチンコ台ほど機械が入れられないため、売上げも上がらないということで長くはつづかなかった。だが、同じスマートボールでも人気を博した機種もあった。北海道で流行ったその機種は縦四列、横四列の計一六個の穴を開けたものであった。縦横斜めの一列に玉が並んで入れば入賞で「四目並べスマートボール」と呼ばれた。遊技料金は一回一〇〇円。一六個の玉をハンドルで弾き、玉を並べる。この台を設置していた店は常に満員の状態だったという。

当時のスマートボールについて小川和也が語る。

「当初はパチンコよりスマートボールのほうが集客率はよかった。それほどお金を使わなくても長時間遊ぶには最高の機械でした。玉の流れが緩やかで入賞穴もバラバラについている。ギャンブル性はなく、本当の健全娯楽だった。ところが、ギャンブル性の強い四目並べスマートボールが登場したんです。傾斜が急で玉の流れも速い。勝負も早く、一列に並んだときの出玉が従来のものより多いから賭博の好きな客には大いに受け、導入店は一時期だけではあったが、相当な利益を得たはずです」

北海道でも一〇店舗ぐらいしか入っていなかったという機械だが、賭博性が強いために一年ぐらいで禁止されたという。連発機禁止後に咲いた徒花のような機械であるが、パチンコがだめなら別な機種を、と必死で模索するメーカーの思いが伝わってくるようだ。もちろん、必死だったのはパチンコ店も同じである。客を呼び込むために経営者をはじめ従業員も一丸となって懸命に働いていた。

昭和三一年当時、小川和也は札幌の中心街である狸小路三丁目の「銀座会館」に勤務していた。狸小路といえば札幌では薄野の歓楽街と人気を二分する全国的にも有名な商店街だった。とくに二丁目から五丁目あたりが人通りの多い場所で、地方からきた観光客は必ずといってよいほどこの通りを歩く。

店のパチンコ台数は約二〇〇。店舗は三丁目のちょうど角に面し、映画館や飲食店などがひしめく一画にあった。すでに釘師として一人前に成長していた小川は、この店が札幌で四店舗目の勤務先だった。

経営者の本業は毛皮類の卸で、毛皮類を包んだ大風呂敷を肩に背負って毎日出ていく。店のほうは奥さんが景品カウンターに座り、ひとりで売上げの管理をしていた。裏回りの女の子は全員が住み込みで、店の二階に寝泊りしていた。この当時は開店から閉店までの間、声を張り上げてマイクで呼び込みをやっていた。小川もマイクを握る。

「いらっしゃいませ、いらっしゃいませ。狸小路お通りのお客さま、こちらはパチンコの殿堂銀座会館でございます。みなさまの銀座会館、本日全台大開放いたしましてお待ちしております」

「いらっしゃいませ。みなさまの日ごろのご贔屓(ひいき)、ご来店にバッチリとお応えいたしまして本日も大開放中でございます。パチンコのスリルと醍醐味を味わいながら、楽しいひとときをお過ごしくださいませ」

「いらっしゃいませ。どうぞお気軽にお立ち寄りください。いらっしゃいませ。本日のご来店、誠にありがとうございます。狸小路随一の娯楽の殿堂、憩いのオアシス銀座、銀座会館でございます。当店は若い方からご年輩の方にいたりますまで幅広く楽しんで遊んでいただける最新鋭の機械を取りそろえて全機全台大開放いたしております。いらっしゃいませ。ありがとうございます」

「本日も大出血サービス。一列一番台から最終ラッキーナンバー〇〇番台までオール開放の大サービス中でございます」

「ご遊技中のお客さま。多少の運不運もございましょうが、パチンコはやっぱり粘りとがんばりが肝心でございますので、どうか最終最後の『蛍の光』が鳴りますまで、粘りに粘って、お帰りの際はドンと景品の数々をお持ち帰りくださいませ。本日のご来店、誠にありがとうございます」

午前中は『軍艦マーチ』をかけっぱなしである。手にマイクを握りながら喋りまくる。終いには声が枯れてくる。それでもダミ声をふりしぼり、ひたすら喋るという状態であった。

当時、玉は一個二円。換金は一円二〇銭。割数は六割営業という、いまでは考えられない低い出玉率だった。とくに正月、祭り、盆ともなれば三割が当然という時代だった。

「七割も利益を得るなど不健全営業もいいところだった」と小川は当時を振り返る。

当時の女子従業員の給料は住み込みの食事つきで二〇〇〇円。月の休みが三日ぐらいしかない。就業時間も一日一〇時間という過酷さだった。仕事の中でももっとも大変な玉洗いは、太鼓型の自動研磨機が開発・販売されており、以前のように大きな樽の中にお湯と粉石けんを入れてパチンコ玉を洗う「芋洗い」と呼ばれるやり方はなくなっていた。それでも小川は一日一三時間以上、休日もなく働きづめの毎日だった。

狸小路は歩行者天国であった。道路の真ん中で香具師連中があちこちにリンゴ箱を並べて安い衣料品などを叩き売る光景も見られた。パチンコ店の喧騒と周囲の雰囲気が調和した昔ながらのにぎわいがまだ残っていた。パチンコ業界の雌伏の時代で、業界は一時の危機を脱し、ようやく小康を保ってはいた。しかし、当局の規制によって業界が失ったのは機械だけではなかった。

ひとたび与えられた世間のパチンコに対する悪い印象は容易に払拭されなかった。近所の主人がパチンコに行けば「あそこのダンナ、パチンコ通いをしているぞ」と陰口を叩かれることも珍しくなかった。店にはチンピラ風の男が出入りするようになり、女性客がくることはめっきり少なくなった。殺伐とした雰囲気の店内で仕事をする従業員は大変だった。すでにこの当時、後年大きな問題となってくる暴力団と換金との関係を生みだす下地ができつつあった。

換金を巡る暴力団との死闘

小川和也はある事件もいまでも思い起すことがある。それは小川が旭川近郊の「グランド」という店に移って、まだ間もないころのことだった。髪を赤く染め、背広を着込んだ二五歳くらいのチンピラが毎日のように店にやってきた。以前からの常連らしく、けっこう金も使うし、カウンターの女の子とも親しく話をするといった具合だった。店内では特別悪いことをしないのだが、近所の客に知り合いも多いようで、しばしば客と話をしている風だった。

女子従業員に聞くと、男は店に近い場所に住んでいる金持ちの息子と吹聴しているらしかった。ときおり、小川にも近づいて、さも親しそうに話しかけてくる。小川も何か魂胆でもあるのかと思いつつ、チンピラには常に注意を怠らないようにしていた。そんなある日の夕方、チンピラは車でやってきて、店に入るなり小川に話しかけてきた。

「マネージャー、忙しくなかったら僕につき合ってくれないかな、お願いします」

「暇じゃないが、何の用事だ」

「ちょっとでいいんだよなァ、お願いだから。車ですぐ送り迎えするからよ。お願い」と、媚びるように誘ってくる。

「いったいどこに行くんだ」

「駅の近くさ、ねぇ」と、しつこく言う。普通だったら断わるところだが、何か魂胆があって、だれかの使いで来たと小川は思ったのである。もし暴力団なら、逆に引っかけてやろうと小川も単純に考えた。

「ほんの少しなら行ってみるか」と言うと、チンピラの顔がほころんだ。小川は男の車に乗った。しばらくして駅前近くの飲食街にある居酒屋風の店の前でチンピラは車を止めた。

「ここなんだよな。実は俺の兄貴分がマネージャーに頼みたいことがあるんだってさ」

そのとき、小川は店の用心棒の話でも持ちだすんだなぐらいにしか考えなかった。店の右端に階段があり、二階に案内された。靴を脱ぎ、廊下伝いに歩いていくと、奥の部屋で何人かの話し声が聞こえた。ちょっとやばいかな、小川は一瞬、そう思った。が、腹を決めて部屋の前に立った。

「親分、連れてきましたよ」

チンピラが先ほどまでとは打って変わった威勢のいい声をかけると襖が開かれた。部屋には座卓を囲んで四人の男がいた。正面にあぐらをかいて座っているのが、この組の頭だと小川は直感した。その男は笑みを浮かべ、「わざわざお運びいただいてすまねぇ」とやさしく小川に声をかけてきた。

「何の用で私をこんなところに呼びだしたんだ」

内心は腹立たしかったが、小川は落ち着いた声で切りだした。

「わしは旭川の柳一家の分家で○○という者だ。おまえさん、グランドの新顔らしいが、実はあそこの親父は前から知っている仲なんだ。でも、なかなかいい返事をよこさんもんでよォ。おまえさん、マネージャーだから頼まれてもらいてぇんだがな」

組長はもったいつけると、用件を切りだした。

「実はグランドの景品買いを若い者にやらせてくれねぇべかと思ってよ。何とかならんべか」

小川は用件を聞き終わるやいなやキッパリと言った。

「それははっきり言ってだめだ。たとえ換金が法律でだめとはいえ、日本全国のパチンコ屋がいま黙認されているのは、あんた方に換金商売をやらせないで健全にやっているからこそなんだ。それだけは絶対にだめな相談だ。申しわけないが、これは何といっても応じることはできない」

小川はそこまで言い切ると、「帰らせてもらう」と腰を浮かして席を立とうとした。

「おい、ちょっと待てよ」

見るからに頑丈そうな体をした男が後ろから小川の肩を押さえつけ、座らせた。

「どうあってもだめかのう」

「それだけは社長に言ってもだめな相談だ」

すると、組長はさっきとは態度を変え、小川の目を射ぬくように見つめた。

「おう、そうけぇ。どうしてもだめってんだな」

今度は、隣に座っていた若いのが小川の顔を見ながら、「わざわざ迎えに行ったんだ。ただで帰ってもらうわけにはいかんべぇ」と、ニタッと薄笑いを浮かべて脅し文句を吐いた。

「君ら、俺を脅迫する気か」

「なにーッ、この野郎、俺をだれだと思っているんだァ」

頭は小川に向かって腰をなかば浮かせて声を荒げた。

「そうか。それならいったいどうしたらいいんだ」

「だからよ、兄さん。景品買いの件、承諾してくれりゃよ、あんさんも悪いようにはせんから」

「だめだ、それはだめだ！」

そして、チンピラを指して小川は、「ちょっとつき合って欲しいというから、ちょっときただけなんだから今日は帰してもらう」と言った。

「よしッ、ほしたらよ、明日まで待つからよ。このマツの野郎に返事してくんな。それによっちゃ、オトシマエつけるべ」

しばしの沈黙が流れた。すると傍らの男が覆い被さるように声を荒げて毒づいた。

「どうなんだァ、てめぇ黙ってりゃインテリくせぇ顔しやがってェ」

いきなり、小川の右肩を叩くと、「このまま黙って帰すと思ってんのかァ」とつづけざまに言い放った。周りの三、四人もつぎつぎにわめき散らす。

「ちょっと小便したいんだが、便所に行かせてくれよ」

小川は怒号を封じるように叫んだ。

「おいッ、マツ、連れてってやんな」

組長が目配せした。小川は、マツと呼ばれたのが先ほどのチンピラだったことを知った。廊下に出ると、「そこ行って右側よ」と指で示しながら、後ろからマツともうひとりがついてきた。カチャッという音が背後でした。ナイフかドスを抜く音だろうか。

小川はとっさに上がってきた目の前の階段に目をとめると、靴も履かずに滑り落ちるように駆け下りた。アッという間だった。階段の上から「この野郎、逃げるのかーッ」という罵声を受けたが、小川は一目散に店の方向に向かってひた走った。時刻は夕方七時ごろだった。車で追ってくるかもしれないと考えながら、裏道を伝い夢中で走りつづけた。やっと店にたどりつくと、荒い息遣いをしながらしゃがみこんだ。裸足で走ったためか、足の裏は腫れ上がっており、痛みが走った。

奴らはくる。必ず仕返しにくる。そう思った小川は三人の男子従業員に指示をあたえ、二階にいる社長にも報告した。軽々しく彼らのところに行ったもんだとまず叱られた。それから段り込みにくることを想定し、警察にも連絡を取った。ちょうど当直司令だった刑事防犯課長の警部補を知っていたので一部始終を報告すると、何かあったらすぐ電話をするようにと好意的な返事をくれた。

閉店時間は午後一〇時。そのころやってくるのではないか、と恐怖を覚えながら小川は店外の気配に注意していた。時間が刻々と過ぎていくごとに心臓の鼓動が激しくなるのを感じた。閉店が近くなる。あいつら来ないのかな、来ないなら来ないでいいんだが……、小川は先ほど来のことを思いだしながら歯を食いしばった。まだ残っているお客さんには、早くやめて帰って欲しいなどと心の中で思いながら、従業員とともに閉店作業をはじめる。

『蛍の光』が流れだす。閉店五分前。店の奥からフロアの掃除をはじめようとしたそのとき、バッターン、ガタン、ジャラジャラ——。

「キャー、だれかーッ」

カウンターの玉売機が突き倒される音にまじって、女子従業員の悲鳴が聞えた。つづいて「この野郎ーッ」と怒声。ガシャン、ガシャンと今度はパチンコ台のガラスが割られる音がした。

「おーい、警察!」

小川は大声で叫ぶと、さっきから用意していたツルハシの柄を手に握った。

「この野郎、何しやがるんだァ!」

小川は夢中でヤクザたちに襲いかかり、ひとりの足元を狙って思い切り振り回した。ビシッという鈍い音とともに、相手が倒れた。その瞬間、小川の背中にも激痛が走った。鈍器のようなもので殴られ、目の前がしだいにぼやけていく。やられたと感じたが、それから先はわからなくなってしまった。

薄ぼんやりした意識のなかで、パトカーのサイレンの音が聞えた。

「小川、小川、大丈夫か！」

社長の声で小川はやっと気がついた。背中と腰に鈍痛が走り、起き上がろうにも起き上がれない。なにくそと思いながらも痛みが激しく目も開けられない。「小川さん、小川さん」と傍らで刑事課長の声がした。

「いま、救急車がくるから病院へ行きなさい。そして診断書を必ずもらい、少しよくなったら署のほうへきなさい」

小川はうなずくのがやっとだった。ふたたび薄らぐ意識のなかで店の者は大丈夫か、ヤクザどもはどうしたのか、そんな思いが駆け巡った。

目が覚めたのは病院のベッドの上だった。署のほうから事情聴取され、すべてを話した小川は後日署に行くことを約束した。社長の話では、景品カウンターの玉売機一台とパチンコ六台のガラスを壊され、従業員のひとりが顔を殴られた程度の被害と聞き、少しホッとした。ヤクザ五人は現行犯で逮捕されたとの報告も受けた。よかったと思う半面、小川はパチンコ業界の先行きに暗雲がたちこめているような言いようのない不安も覚えた。

この先ずっとつづくことになる換金を巡る暴力団との確執がはじまっていたのだった。

5 団結への道

役物――パチンコメーカーの知恵

「もはや『戦後』ではない。われわれは異なった事態に直面しようとしている。回復を通じての成長は終わった。今後の成長は近代化によって支えられる」

昭和三一（一九五六）年に政府のだした経済白書の有名な文句である。きたるべき高度経済成長への、自信にあふれた高らかな宣言であった。ところが、パチンコ業界は近代化どころか明日をも知れぬ復興の真ったただ中にあった。だれもがパチンコはもう終わりだと思うほど連発機禁止後の業界は惨憺たる状況だった。八割の店舗がつぶれ、残った店も売上げが三分の一以下に減る有様だった。

パチンコメーカーも同様に手痛い打撃を受けた。部品、機械メーカーも倒産ラッシュがつづいた。いまはパチンコ機メーカー最大手の平和の前身である平和商会でさえ、倒産に追い込まれている。数百社あったメーカーで生き残ったのはわずかに七〇社ほどだった。しかし、いずれのメーカーも機械基準の厳しい中での新機種の開発は前途多難といってよく、先行きの見通しは暗かった。奥村遊機の社員だった牧野良一（現日工組専務理事）は当時の機械基準の厳しさについて次のように語る。

「当時は手打ちの単発機ですが、玉入口から玉の発射地点までの長さや幅が決められていた。また、玉入口の穴の大きさも制限されており、名古屋地区は直径一二ミリでしたよ。玉は一一ミリですからゆっくり玉を込めないと入りにくい。穴が大きいと多く弾かれ射幸心をあおるからということですね。当初は一分間に五〇発から六〇発ぐらいしか打てなかったですね」

連発機時代は一分間に一三〇発は打てた。そのぶんスリルとゲーム性があったが、それが半分以下になっては客がパチンコへの魅力を感じなくなるのも無理はない。しだいに遠のく客足をいかに引き止めるかがメーカーの課題だった。

折しも、昭和三一年暮れから神武景気と呼ばれる好景気が訪れる。その最中、一台の新しい機械が登場した。中央部円形の役物を使って玉の入賞の確率を高めた機械である。従来の、ただ入賞口に入って玉が出るというものと違い、ゲーム性に富んだ機種として人気を呼ぶようになる。機種の名前はジンミット。開発したのは西陣である。当時、西陣の社員として警察の許可取得を担当した高梨正己（現全商協理事長）はこう振り返る。

「盤面より奥に引っ込ませたセンターケース下部に針金を一本通して、その針金を玉が渡り、入賞口へ飛び込む。センターケースの下に穴を開けて当りにしたというのがパテントなんですよ。私が西陣で最初に許可を取ったんです」

許可を取るために高梨は当局に何度も足を運んだ。当初、針金の材質はブリキだったが、その後、性能を高めるためにジュラルミンなど数種類の材質に変更した。四回も五回も変更を願い出る高梨は、シビレを切らした警察の担当官に、「なんだ、おまえは。最初は針金張ってきやがって。こっちが黙っていりゃいい気になりやがって、それから材質をどんどん変えてきやがる」と怒鳴られたこともあったという。また、ある日、警視庁の担当者からこんな電話がかかってきたこともあった。

「おまえ、ジンミットって言葉はどこの国の言葉だ。英語の辞書やフランス語、ドイツ語の辞書にも載ってないじゃないか」

電話を受けた高梨は勝ち誇ったようにこう答えた。

「辞書なんかにはないですよ。神武景気をミットで受ける。だからジンミットっていうんです」

さすがの相手も苦笑したという。世の神武景気に少しでもあやかりたいというメーカーの期待を込めた名前だ。このジンミットこそ役物の走りである。パチンコ機の盤面は釘と入賞口（チャッカー）や風車などで構成されているが、ゲームの中心的な役割を持ち、玉が入賞口に入るのを容易にする特別な仕掛けを持った装置を役物と呼ぶ。ジンミットは左頁の図のように円形センターケースに対しほぼ垂直にジュラルミン板がついており、そこへ玉が当りセンターケース内部へ落ちると玉は入賞口へ導かれるという仕組みだ。

警視庁の許可を取った高梨は、機械を担いで他県の警察の許可を得るために飛び回る日々がつづいた。現在と違い、当時は各都道府県ごとに許可を取る必要があった。高梨らの努力が功を奏したのか、ジンミットはヒットした。西陣の木村功造専務はその人気ぶりをこう語る。

「当時はひとつの店の台はすべてひとつのメーカーの機械が独占する純血主義の時代。ジンミットの登場で東京都内の店の八〇パーセント以上を制覇しましたよ。名古屋や関西の店でも導入したいという引き合いが相次ぎましたね」

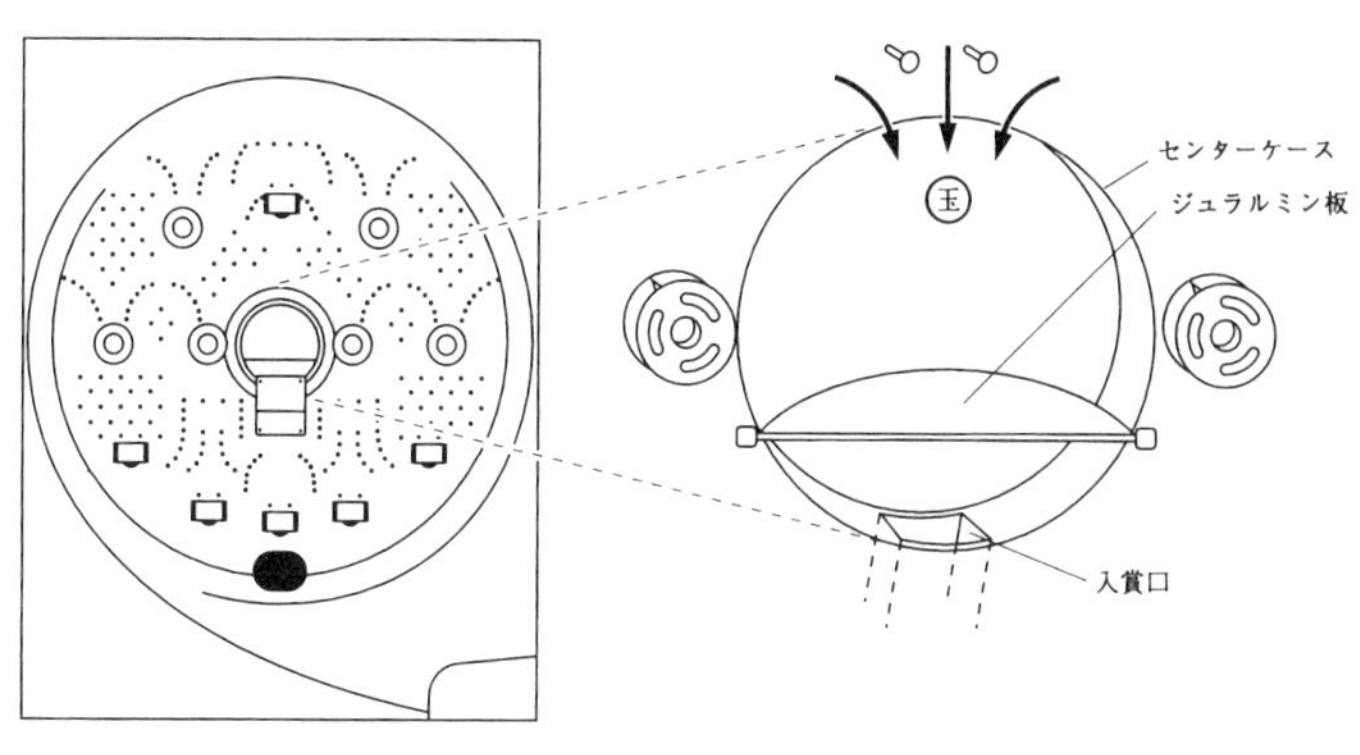

ジンミット　〈左〉盤面、〈右〉センター部分

このジンミットにつづいて翌三三年には平和が生んだ新機種が市場の人気を呼んだ。名前はコミックゲート。中央部円形のケースに玉が入ると、ケース内の大型水車が回って玉が出るというものである。入賞すると水車がグルグル回るというちょっとした遊びが客の心をくすぐり、コミックの人気は高まり全国へ普及していった。この機種のおかげで平和はふたたび息を吹き返すことになった。

ジンミット、コミックという二つのセンター役物の登場で業界にもわずかではあるが先行きに明るい兆しが見えはじめていた。とはいっても、当時のメーカーはいまとは違いほとんどが中小零細企業だった。赤字経営で資金繰りに苦しむ企業や手形の決済時期になると機械を安く売り払って金を捻出する企業など綱渡りの経営も珍しくなかった。生みだす機械は店に買い叩かれ、生き残りのために安い機械をつぎつぎと作る。まったくの買い手市場でメーカーはまさに過当競争の中にあえいでいたのである。こうした経営の厳しさは経営者だけでなく社員も引き受けなければならなかった。

全国を走り回る営業マン

各社の営業マンは全国各地を回りながら、店舗の建設から開店の指導まで休みなく働いていた。前出の牧野良一は当時の自分の仕事を「開店屋」と呼ぶ。

「新しい店がオープンするたびに出かけては釘の打ち方から帳簿の書き方、玉の磨き方、機械の保守にいたるまで経営全般の指導をして一カ月ぐらい店にいましたね。機械の故障があると、その場で自分が修理しなくてはならない。当時の営業マンは、ひとりで機械一台を作れる技術は持っていました」

夜中であろうと営業マンは機械が故障すると店に駆けつけなければならない。そんな彼らは夜中の路上でたびたび警察官から職質を受け、「キサマは何者だ。ちょっと署までこい」と呼び止められた。泥棒と間違われたのである。

「下げているバッグの中にはハンマー、ペンチ、ブリキバサミ、ハンダづけの道具など、まるで泥棒の七つ道具とおぼしき機械の修理道具を持ち歩いていたからです。『いや、機械屋です』と言ってパチンコのゲージ棒を出してはじめて解放してもらいました」

こうした道具は彼らの必需品であった。機械が壊れても、新しい部品や機械を取り寄せずに元の状態に修理する機械のプロ、それが営業マンの仕事でもあったのだ。たとえば、客の中には玉を弾くハンドルを故意にねじ曲げる者もいた。それを元に戻すためにはハンダゴテで焼きつけるのだが、その際、焼き入れに必要な青酸カリまで持参していたという。いまのように製造部門と営業部門が独立していない時代である。機械の製造技術や販売、さらには店の営業指導から保守まで、ありとあらゆる仕事ができなければ一人前の営業マンとはいえなかった。

前出の西陣の木村も全国を飛び回った営業マンのひとりだった。牧野と同様、釘の打ち方から従業員の指導、店内で流すアナウンスのシナリオ書きなど、店のいっさいの面倒をみた。木村にはいまでも思いだす当時のエピソードがある。

開店当日、木村は最終的な機械のチェックをやっていた。一台ごとに釘を調整した後、再度問題はないか見て歩いた。ある台をふと見て、「ちょっとおかしいな」と思ったと同時に、木村は「アッ」と声を上げた。出玉の受け皿がついていないのである。開店は数時間後に迫っていた。もはや取り寄せる時間はない。しばらく思案した木村は店の人間に声をかけた。

「戦争中に被った鉄兜はないか探してくれ」

店の人間が探しだしてきた鉄兜を受け取ると、木村は寸法を測り、鉛筆で鉄兜に印をつけていった。それから近くの鍛冶屋・鉄工所の所在を聞き、そこで寸法通りに加工してもらって玉の受け皿を完成させたのだった。

「鉄兜は丈夫でしてね。代用品としては最適なんです。とっさの思いつきでしたが、無事に開店にこぎつけ、ホッとしましたよ」

こうした木村たちの懸命の努力があってメーカーは命脈を保っていたのだった。役物の開発で息を吹き返しつつあった業界ではあったが、それも束の間、突然メーカーを震撼させる出来事が起こった。

メーカーを襲った物品税問題

業界の近代化を長期間にわたって遅らせる原因となった物品税騒動がそれであった。物品税とは、奢侈品や娯楽用品など必ずしも生活必需品でない物品を対象に課税される間接税である。消費税の施行で廃止されたが、当時パチンコの機械に課税されるかどうかが微妙な問題となっていた。それがついに昭和三四年、国税庁の一片の通達によって課税が決定したのである。これがメーカーにどれほどの大打撃をあたえたかは課税額を見ると明らかだ。

かりに機械一台七〇〇〇円とする。そのうち二割の控除額（後に三割になる）を引いた残りが課税対象となる。そうすると対象額は五六〇〇円。そのうち約二割の一一二〇円が税金となる。価格の一割六分が税金で持っていかれるのである。

中小零細の多いメーカーには経営を圧迫する深刻な問題だ。消費税のように税金分を機械の価格に転嫁できればいいが、買い手市場の中で機械はパチンコ店に安く買い叩かれており、値上げなどできる状態ではなかった。

突如として襲った物品税は、連発機禁止につづいてメーカーを窮地に陥れた。警察庁による機械基準の規制に加え、今度は国税庁による容赦のない課税がメーカーを圧迫したのである。経営を大きく揺がす事態になり、メーカーは税金の回避策に血道をあげた。税金を払わないというより払えず脱税におよぶ者も少なくなかった。たとえば、一〇〇台の機械を売ったのに、一〇台しか売らなかったと過少申告する者もいた。また、税金を払えずに倒産するメーカーもあった。当時を知るメーカーの関係者はこう証言する。

「物品税を払いたくても払えない。当時のメーカーはまだどんぶり勘定をやっているところが多く、税金がいくらかなんて考えてやっていない。税金を納めないところがほとんどといってもよかったですね。払えずに夜逃げする業者も珍しくない。税務署も躍起になって査察をかける。突然、何の通告もなく事務所を襲い、税務署の担当官が『ハイ、全員そのまま。手を上げて』と言って帳簿を調べ上げるなんてのはしょっちゅうでした」

しかし、査察を受けるほうもしたたかだった。昨日まで機械を作っていた工場に税務署員が査察をかけると、「一〇坪（約三三平方メートル）ほどの工場の中には、機械はおろか道具ひとつなく、もぬけの殻だった」という光景も珍しくなかったという。

税務署とメーカーのイタチゴッコが繰り返された結果、正体不明のパチンコの機械も出回ったという。

「パチンコ店に行くとどこのメーカーのものか、何という機械かわからないんですよ。それほどたくさんわけのわからない機械が多く出回っていたのです。価格もバラバラで、六〇〇〇円から七〇〇〇〇円が相場のころ四〇〇〇〇円ぐらいで売られていた機械もありました」（メーカー関係者）

また、メーカーの中には会社を偽装倒産させ、妻や従業員名義に代えて新会社を設立する者もいた。いずれにせよ、この物品税問題が業界の秩序を悪化させたことは間違いない。脱税行為の横行に加え、安い正体不明の機械が出回って市場価格の値崩れを引き起こしもした。大きな工場を持つメーカーにしても、税金を払った上でさらに価格を下げるのは死活問題だった。

このままでは業界の先行きは危ないとだれしもが感じ、メーカーがひとつにまとまって事態を改善する必要があるとの機運がしだいに高まっていった。そのときの立役者が平和会長の中島健吉だった。中島は同業のメーカーとの話し合いを重ねる一方、新しい業界組織の結成に向けて尽力した。そして昭和三五年四月、中小企業協同組合法に基づく日本遊技機工業協同組合（日工組）の設立をみることになる。初代理事長には中島自らが就任した。

組合発足当初の中島の仕事は物品税納入の推進と機械の乱売防止による価格の正常化であった。しかし、組織はできたといってもこの問題の解決は困難をきわめた。メーカーが物品税を支払うには遊技機への税金分の上乗せをパチンコ店に認めてもらわなければならない。しかし、税込み価格を店がのむことはむずかしかった。そこで中島が考えたのが機械価格の統一と販売窓口の一本化構想である。これならメーカーの乱売を防ぎ、適正価格が維持できる。そのうえ、物品税も払いやすくなる。この構想の実現に向けて中島はなかば本業そっちのけで組合本部のある名古屋を舞台に奔走した。

当時、日工組の職員であった神谷督次は中島の仕事ぶりをこう振り返る。

「私が日工組に入ったのは二二歳、中島さんは四〇歳ぐらいでしたね。バリバリの男盛りで、頭は切れるし弁もたつ。とにかく話に説得力がありました。入社当時はまだパチンコ業界は世間から白い目で見られている時代でしたが、中島さんを見て、ああこういう人がいればパチンコ産業も大丈夫だなと思いましたよ。私が秘書代わりとなってお手伝いをさせてもらいましたが、とにかく名古屋を拠点に精力的に各方面の説得で走り回っていました」

二人の経営者の運命

しかし、中島の必死の努力にもかかわらず解決の糸口は見いだせなかった。逆に価格の統一化はホール側の反発を招くことになる。「機械が高くなれば買わない」とする不買運動が起ったのである。そして、中島の会社である平和の機械がターゲットにされた。

全遊連傘下の関東甲信越連合会を皮切りに、平和の機械への不買運動が全国へ広がっていった。中島は自らの足元をすくわれかねない致命的打撃を受けることになった。当時の状況を日工組の『三十年のあゆみ』の中で中島はこう述べている。

「関係省庁に〝自ら体質を変え、税金を納めるようにするから〟と陳情して、やっと組合に認めてもらいました。しかし、組合ができても過当競争はおさまらず、一方ではめちゃくちゃ安いのに、一方ではめちゃくちゃ高いといった値段のアンバランスが公然とまかり通っていた。そこでパチンコ機の販売は組合を窓口にするという一本化を行い、税金を払わないホールには機械を売らないという強い姿勢で臨みました。おかげで組合に対する風当たりは大変強く、不買同盟まで起こされました」

それでも構想の実現に向けて中島はパチンコホールの組織であった全遊連幹部と話し合いを重ねた。しかし、ホール側の主張を崩すことはできず、全遊連理事長の水島年得との最終的な交渉の結果、「機械価格問題は売り手と買い手の自由」という結論にいたった。価格統一、窓口一本化という中島の構想はもろくもついえ去ったのである。

ただ、中島にも救いはあった。メーカーが製品を出荷する際、物品税分を日工組に前納することによって証紙が発行され、その証紙が貼られていなければ機械は市場に出せないというシステムを確立できたことである。これが脱税行為の歯止めとなり、物品税の納税率が高まったのは中島の大きな功績だった。

ところで、価格統一、窓口一本化構想はホールばかりの反発でなく、メーカー内の反対も強かったという。

「メーカーは大手と中小の力の格差があったわけですが、中小は大手と同じ価格にすれば、結局大手のブランドしか売れないいんじゃないかという反発もあったのは事実です。ですから、ホールだけでなく、メーカーの説得にも中島さんは懸命でした。いまから考えると、もし中島さんの構想が成功していたらメーカーの地位ももっと上がっていたんじゃないかと思います」(前出・神谷)

中島は昭和三八年五月に理事長の職を退いた。理事長職の任期は二年であるから、中島は二期目の途中で辞めたことになる。

引退後の中島は社業に全力をつくした。そして数々の新機種の開発をはじめ、業界のリーディングカンパニーとして平和を成長させていく。

ところで、パチンコ業界の景気は物品税問題もふくめ青色吐息の状況に変わりはなかった。昭和三六年六月の全国の店舗数は九三六〇軒、設置台数は約七八万台。連発式禁止以後、若干は増えたといってもいまだ低迷はつづいていた。一年に二〇〇から三〇〇の店が転・廃業に追い込まれ、また新たに同じ数の店舗が生まれるという、一進一退を繰り返していた。メーカーが置かれた状況はもっと深刻で、過当競争にあおられ倒産していく企業が増え、数がしだいに減っていく有様であった。

そこで、なんとか物品税をうまく逃れるためにメーカーはさまざまな方式を考えた。物品税は課税対象額が四〇〇〇円以下のものは免除されており、完成品しか課税されないことになっていた。ホールに販売している機械は中古機としてふたたびメーカーが下取りする。ここに目をつけ、下取り料を引いた価格を実際の販売価格として、課税対象額が四〇〇〇円以下になるように売ってはどうかと考えたメーカーもあった。が、結局これは当局に認めてはもらえなかったという。あるいは、ハンドルをつけずに出荷し、ホールが別にハンドルを買って取りつけるという方法も考えた。完成品しか課税されないということを逆手に取ったのである。しかしこれも認められるにはいたらなかった。

この物品税問題が人間の運命まで左右したといえるケースもある。SANKYO（旧・三共）の社長である毒島邦雄は当時、平和の社員で、物品税のかからない安い機械の考案を重ねていた。毒島は日工組の『三十五年のあゆみ』で当時をこう述懐している。

「そのうち気がついたのです。小額の機械を考案すれば物品税問題はなくなると。機械の値段を安くするためにはどうするか。じゃ、外枠をはずして盤面だけにしたらどうだろう。こうすれば値段も安くなるし、機械の交換頻度も増えて売り上げそのものは落ちないだろうと考えたわけです」

いわゆる着脱分離式の機械の原形がこのときに考えられたのである。しかし、研究を重ね、アイデアをだしても、なかなか受け入れてもらえなかった。

「技術的にも多少問題があったのかもしれません。しかし、一番大きな敗因は業界全体の機が熟していなかったことだと思います。他のメーカーからは『メーカーの仕事がなくなる』とか、ホールからは『スランプ（機械の玉の流れのクセ）のおもしろさがなくなる』とかさまざまな反発があり、分離式機械から撤退することになったのです。私はその責任を取るという形で四〇年三月に平和をやめることになりました」

そして、退職後、毒島は自ら三共を設立する。だから、三共は物品税問題をキッカケにして誕生したといえなくもない。業界の混乱期が招いたひとつの運命ともいえるだろう。

業界を救ったチューリップ

そうした中、メーカーどん底の時代を救う救世主が現れる。

昭和三六年、大阪府立体育館で開催された機械の展示会に登場し、脚光を浴びたのが本格的役物チューリップだった。玉が入賞口に飛び込むと花が開く。さらに一個飛び込むと花は閉じる。従来のパチンコに一種の優雅な雰囲気をあたえたこの役物は、その後全国のパチンコファンを魅了することになった。作家の吉行淳之介はチューリップの魅力についてこう書いている。

「チューリップに玉がいろんな入り方をする。パッと入ったり、じれて入ったり。それを見ているだけでさまざまな想いにとらわれる（告白すれば、女のことが多いけれど）。チューリップが性のイメージと結びつき、片目の奥の脳でパチンコを楽しみ、もう一方の片目の奥の脳みそで昔の女のことを想い出したり。もっともただ想い出すだけでなく『あの時の女の態度の真意は実はああであったのか』とか、一〇年ぶりの発見があったりする」（『全遊連（協）二十五年史』より）

女性の性的イメージとだぶらせてパチンコを楽しむというあたりは吉行らしい表現である。だが、たんなるゲームから、楽しむ側の遊び心をかきたてるものになったという意味では、このチューリップの登場はパチンコに画期的な変化をもたらしたといえる。

吉行はチューリップの登場をこんな風にも言った。

「昔から僕は、パチンコは日本では絶対に衰微しないという意見を持っていた。それがチューリップの発明によって、いっそう盛んになった。あの発明は偉大だ。チューリップの発明者に勲章をあげるようになれば、少しは現在の勲章制度も見直され、勲章の持つ馬鹿らしさもちょっとは薄らぐ感じがする」(『全遊連(協)二十五年史』より)

吉行が発明者に勲章をあげたいと言ったチューリップが、パチンコファンの前に登場するまでには多くの紆余曲折があった。

チューリップを最初に開発したのは大阪の「鳴尾」という部品業者だといわれる。このときのチューリップは玉が入賞口に飛び込み、手元のレバーを押すと花が開くというものだった。そしてこのアイデアを買ったのが名古屋の成田製作所だった。購入額は一〇万円だったという。

成田の手に渡ったチューリップは自動的に花が開く方式に改良され、三五年一一月に特許が出願された。特許の取得は三七年である。しかし、特許は取得したものの店に出すには当局の許可が必要である。三七年ごろ中部地方の一部地域で許可されたが、全国で許可されるまでには数年を要した。しかし、許可された地域ではまたたく間に普及した。メーカーはこぞってチューリップを取りつけた。一台の機械にチューリップが三個か四個ついた機械が主流となっていく。ちなみに、このチューリップの特許使用料は一個につき五〇円で、安くはないがつければ機械が売れるのでメーカーは背に腹は代えられなかった。

しかし、当時は特許を持っていても特許使用料を支払わずに勝手に製造したチューリップが出回っていたという。中小の部品業者が多かった時代である。一時期、偽物のチューリップが本物より多く出回った。

「チューリップの偽物も横行しましたね。買うほうのメーカーも本物だか偽物だかよくわからない。なかには半分の値段でどうですかと売り込んでくる。いくら眺めても見分けがつかないんです。特許料を支払わずに作っている業者はおそらく相当な数に上っていたと思います」（メーカー関係者）

こうした偽物の横行に頭を悩ませたのは特許を持つ成田製作所である。そこで秘策を打った。チューリップ製造業者を集めて新会社を設立したのである。業者全員を会社の株主とし、会社を成田が管理し、業者の販売実績に応じて対価を支払うというものだった。成田はこの方式によって自らの権利を守るとともに一定の収益を確保できた。業者も「成田のチューリップです」とおおっぴらに販売できるようになった。特許権に対する認識が低い時代であり、それを守るにも相当苦労したのである。

チューリップは最盛期で年間四、五〇〇〇万個も売れたという。特許料だけでざっと二億円以上の売上げである。業界の中ではまさに歴史に残るヒット商品となった。前出の牧野はチューリップの功績をこう評価する。

「メーカーの景気といっても三〇年代はその日暮らしというのが圧倒的に多かった。いつつぶれてもおかしくないという状況でしたよ。マンモス、クラゲといった役物が出たといっても、メーカーで何億円という所得を申告する人はだれもいなかった。四四年の百発皿、電動式が登場してからやっと商売にうまみが出たといってもいいでしょう。その間、メーカーはどんどん倒産していきましたからね。それがチューリップの登場でなんとかどん底から這い上がったといえます」

電動式パチンコが認可

チューリップの登場で苦境を脱しつつあったメーカーは、役物の開発にしのぎを削るようになった。クラゲチューリップといったチューリップと他の役物を組み合わせた機械など役物のバラエティ化が進行し、やがて役物全盛時代を迎える。

役物ブームについて高梨正己は『全遊連（協）二十五年史』の中でこう語っている。

「ヤクモノ全盛でヤクモノが数多く出た。ホールさんは景気がいい。入れ替えの激しいヤクモノを数えると東京だけで三六種類くらいあったですよ。昭和四一年の五月に警察庁の保安局報を見ますと、全国でもピンキーとかチューリップとかやはり三〇以上ある。警察庁はこうした役物を細かく列挙して、くれぐれも射幸心を煽る恐れがあるから注意しなさいと全国の警察に呼びかけているんですよ」

昭和四〇年代に入るとパチンコ業界はどん底から脱し、店もファンも少しずつではあるが増えていくようになった。このころメーカー各社もようやく安定軌道に乗りはじめていた。そして、四四年に一大転機が訪れた。警察庁が遊技機の新基準を全国に通達したのである。その内容は、以下の三本柱で成り立っていた。

①連発式時代の循環皿の復活と発射速度は一分間に一〇〇発以内。
②出玉は一回に一五個。
③景品最高額五〇〇円。

従来の循環式は六〇発以内と決められていたことを考えると大幅な緩和である。しかも、これを守れば他の規制はいっさい原則自由というものだった。業界にとっては朗報といえそうだが、この決定は決して警察が譲歩したものではないと前出の牧野は語る。

「当時はすでに手で込めて打つ客の技術が向上していたんです。一分間に一〇〇発以上打つ人はけっこういましたからね。警察としてはそれ以上進むと射幸心をあおるということで、それを抑える意味から循環皿を認めて一〇〇発以内という方向を打ちだしたんです。ただ、実際は六、七〇発しか打てない人もいるわけで、だれもが一〇〇発は打てるようになったということはいえるでしょう」

また、前出の神谷はこんな風に言う。

「一〇〇発と一回の出玉の一五個を守れば、後はほとんど自由ですからね。役物にしてもいちいち許可を取る必要がなくなったという点でメーカーの開発意欲が高まったことはたしかです。やはり、以前と違いパチンコ業界も落ち着いてきたということを警察も評価したんではないでしょうか」

昭和四八年、今度は手打ち式に代わって電動式パチンコが認可された。同じ一〇〇発以内なら電動式も手打ち式も同じという論理が功を奏したのである。電動式の認可はメーカーにとって朗報となった。それまで機械価格にはほとんど変化がなかったが、新たにモーターを取りつけることによって価格のアップが可能となったからである。

「電動式を契機に、いままで儲けが薄かったメーカーが、なんとかコストを計算しながらやり繰りができるようになりましたね。電動式に関係する特許の出願も増えました。開発競争も

活発になり、将来への研究投資の機運もこの時代に本格的に生まれてきたんじゃないかと思います」(前出・神谷)

神谷によれば、日工組発足当初に約七〇社あったメーカーも、三〇年代から四〇年代にかけて淘汰が進んで、三〇社以上が消えたという。神谷の口から倒産した企業の名前がスラスラと出てくる。

「中央製作所、東映産業、松屋産業、大同物産、モナコ商会……」

いまやほとんど忘れられた企業ばかりである。当時は年に数社が倒産することも珍しくなかった。行政当局の規制に縛られ、過当競争で淘汰されるメーカー戦国時代を長年にわたって見つづけてきた神谷にとって、倒産したメーカーの名前はさまざまな思い出と重なり、脳裏に焼き付いて、いつまでも消えることはなかった。

6 暴力との戦い

景品買い取りにチラつく暴力団の影

昭和二八年（一九五三）九月二八日、愛媛県新居浜市S町は朝からぐずついた空模様がつづき、雨が降ったりやんだりしていた。

「なんでこんなことまでしなくちゃいけないのかしら。給料は安いし、やってられないわ」

パチンコ店「ライナー」（仮名）の従業員河野春江（仮名）は朝からイライラしていた。店はこの年の七月七日に開店。春江は求人募集を見て一七歳で入店した。パチンコがどんなものかよく知らずに入ったが、朝から夜遅くまで店内を走り回り、寝るのは深夜という毎日だった。店は開店早々から繁盛していた。

昭和二七年暮れからブームがはじまった機関銃式全盛時代だった。左手で一個ずつ玉を入れて弾いたそれまでの単発式と違い、最初に大量の玉を自動玉入器に入れておけば右手一本で打てる。そのうえ、出玉は自動的に発射台の位置に集まるという画期的な機械だった。店は連日満員で、台当りの売上げが五〇〇〇円の日も珍しくなかった。

「ちょっとおねえさん、早くしてくんない。いつまで待たせるのよ」

店の西側の出入口で四〇年配の主婦らしき女性が叫んでいる。店の正面の玉貸場で客に対応していた春江は急いで出入口の帳場に走った。主婦は「ハイ」と言ってタバコの「光」一四個を春江に差しだした。

「えーと、光一個が二五円だから、三五〇円ですね」

春江は「光」を受け取り、一〇〇円札三枚と一〇円玉五個を主婦に渡そうとした。と、そのとき出口から、「おい、おまえたち何をやっているんだ」と大きな声をだして男が寄ってきた。とっさに主婦は駈け足で逃げ去った。男は警察官だった。主婦が持っていたのはパチンコ景品のタバコで、それを換金しているところを警察官に目撃されたのである。

そのとき店主が走り寄ってきて、いきなり春江に「そんなことをするなって言ってるじゃないか」と怒鳴った。叱られてしょげかえっている春江を尻目に、店主は警察官に頭を下げた。

「いや、やるなとは言っているんですがね。まだ未成年ですし、お客に無理を言われると無下にはできないもんで。私から注意しておきますので勘弁してください」

店主は一方的に客と春江のせいにしてその場を取りつくろい、警察官は厳重に注意して帰っていった。すでにこの当時、客に渡した景品をパチンコ店が直接買うというように、店内で換金が行われていた。いつごろからはじまったのかわからないが、おそらく連発式が登場して以降である。

河野春江の店も例外ではなかった。実は、春江の店は警察官に注意されて以後も数回にわたって換金の現場を目撃され、そのたびに口頭、もしくは文書で注意を受けている。しかし、店主は従業員のせいにして改めようとしなかった。その間、河野春江をはじめ従業員は所轄の新居浜警察署に呼ばれて何回かにわたって事情聴取を受けた。その場で春江は換金行為が店内で公然と実施されていること、タバコを定価より五円安く交換してよいと店主から言われていることなど、いっさいを白状したのである。

そしてついに新居浜警察署は昭和二八年一一月一三日、風俗営業取締法第四条に基づいて一一月一四日から一二月二日までパチンコ店「ライナー」を営業停止処分にしたのである。

ところが、通常ならパチンコ店は警察の処分に「不徳の致すところでした」と素直に従うのだが、ここの店主は違った。なんと、換金行為は愛媛県風俗営業取締法施行条例第二三条第一号の「賭博その他著しく射幸心をそそるような行為」には当らないので営業停止処分は不当であり、撤回せよと松山地方裁判所に訴えたのである。

おそらく換金問題を巡って裁判で争ったのはこの事件が最初ではなかろうか。換金行為イコール法律違反ということがなかば常識となっている現在と違い、射幸心とは何かがわからなかった時代だ。その意味を裁判で明らかにするというのだから興味深い。しかし、残念なことに裁判所は換金行為が法律違反に当るかどうかの判断を避けた。判決が出た翌年一月一四日、裁判所は「すでに営業停止期間はすぎているのだから停止を不当とする訴え自体が無効」との判断を下した。

だが、裁判で被告の警察側は換金が著しく射幸心をそそる行為である理由を述べている。簡単に要約すればこうである。

パチンコはもともと偶然によって当る確率の高い遊びであり、客がパチンコ店にくるのは大なり小なり客の側に射幸心があるからだ。だから法律では著しく射幸心をそそることのないように営業許可規制を設けたり、現金、有価証券を景品にだすことを制限している。したがって、景品を現金に換える行為が射幸心をそそる行為であることに疑いの余地がない――。

警察当局のこうした主張と営業停止という厳しい処分は、大方のパチンコ店をおおっぴらな店内換金の自主規制の方向に導いていく結果となった。しかし、パチンコファンに芽生えた換金意欲は衰えるどころか、換金を楽しみにパチンコ店に通うファンも増えていった。そういったファンのニーズに応えようと店に代わって第三者が介入してくるようになる。最初はヤミ屋の転業組や失業者、あるいは生活費の足しにと、アルバイト代稼ぎではじめた女性らが換金行為をやっていた。

彼らは買入と呼ばれるようになる。やがてこれに乗じてあくどい稼ぎをする連中が昭和三〇年以降に現れ、暴力団の影がチラつくようになる。暴力団がパチンコ店と手を結び、パチンコ店の近所に景品の買い受け値段を掲示した「景品買受所」が登場するようになる。当時の東京の様子を知る業界関係者が次のように語る。

「東京の場合は経営者が知らない間に店の景品買い取りの権利が暴力団同士で売買されているというような形がずいぶんあったんですよ。浅草なんかでは権利金がたしか三〇〇万とか五〇〇万でしたよ。『俺はあの店の権利を買いたい』と言うと『じゃ、いくら権利金をよこせ』という具合に、景品買い同士で権利金が行き来する。もちろん、買った方はそんな金は五カ月か六カ月で元を取ってしまうんです」

連発式全盛の昭和二九年には東京都だけで約二〇〇〇人の買い取り屋が存在したとも言われる。都内の大型店では、店が一日に客に提供する景品総額が一店舗一〇万円の時代に七万円が換金された。買い取り屋は七万の景品を五万三〇〇〇円ぐらいで買い取り、これをパチンコ店に六万三〇〇〇円で売り渡す。買い取り屋の儲けは一日一万円になる。パチンコ店も、景品を正規のルートからより安価で仕入れられるという利点があった。

パチンコ店は自家買いを避ける方策として、暴力団は自らの資金源として、両者はつながっていった。昭和三〇年代以降、暴力団は広域化していくが、換金業務がそれに一役買っていた可能性も否定できない。しかし、パチンコ店の大半は暴力団と積極的に手を結んだのではない。暴力団のなかば脅迫的なやり方に屈し、しぶしぶ買い取り業務を認めていたというのが実情だった。なかには警察と協力し、暴力団に対し徹底した抵抗の姿勢で臨んだ店や地域も少なくなかった。

昭和三〇年代なかば、群馬県内のパチンコ店には暴力団のいやがらせが絶えなかった。当時、群馬県遊協会長を務めていた宮本政春（元全国遊技業協同組合理事長）のもとに県内の渋川組合から連絡が入った。

渋川市には七、八軒のパチンコ店があった。ある日、七、八人の暴力団風の男たちが各店にやってきた。そして玉を一〇〇円ずつ買って台に向かった。だが、パチンコをするのでもなく、ただじっとしている。そのうち、お客が入ってきて空いている台で打とうとする。すると、男たちのひとりが、「バカヤロー」とすごい剣幕で怒鳴るのである。びっくりしたお客はあわてて玉を置いたまま店から出ていく。男たちは客が入るたびに同じ言動を繰り返えした。しだいにお客は店に入ろうとしなくなる。店で乱暴をはたらくわけではない。ベニヤ板をぶち破ったり、ガラスを割るわけでもない。警察官がやってくると知らん顔をして玉をゆっくり一個弾いて見せる。こうしたやり方を一〇日間もつづけた。店の経営者はしだいに精神的に追いつめられていった。

相談を受けた宮本は一計を案じ、組合にこう伝えた。

「よし、その暴力団と話し合おう。一カ月一〇万円ぐらいで話をつけよう。みんなで出せば一〇〇万円にはなるだろう。それでどうかと相手に言ってくれ」

組合は宮本の指示にしたがって暴力団のボスにその話を伝えた。相手は「それならすぐ引き上げさせる」と返答してきた。そして渋川駅前の寿司屋の二階で手打ち式をやることになった。それを聞いた宮本はさっそく県警本部長に連絡した。宮本の描いた策とは、暴力団に現金を渡したところに刑事を踏み込ませるというものだった。

当日は、寿司屋の店内に約一〇人、外に二、三〇人の警官が張り込んだ。そしてものの見事に暴力団全員をひっくくったという。

「各店にチンピラがこういうことを言った、ガラス一枚割ったとかいう毎日取らせた記録を群馬県中から集めましてね。それを担当の検事に渡しました。それで三十何人も一辺に放り込みました。それで一網打尽。これが一つのきっかけでしたね」（『全遊連（協）二十五年史』より）

こうした暴力団追放の動きは群馬県にかぎらず全国各地で巻き起った。しかし、それで換金問題の解決がついたわけではなかった。お客が換金を希望するかぎり、店としてもそれに応じざるを得ないのである。そんな状況を打開するためにひとつの知恵が生まれた。今日の換金システムの源流とされる昭和三六年の大阪方式の誕生だった。

換金に関する警察庁と大阪府警の温度差

大阪方式を発案したのは当時大阪府遊技業協同組合理事長の水島年得である。水島は協同組合組織となった全国遊技業協同組合（全遊協）の初代理事長でもあった。後に業界中興の祖と称えられるようになる水島は、自治体警察時代の大阪市警の元警部である。

大阪地区のパチンコ店は当初、暴力団と関係を持つところも少なくなかったが、昭和三一年以降、暴力団排除の運動を展開し、しだいに関係が切れていく。だが、その結果、店の多くは客から景品を直接買い取る自家買いに走るようになり、当局の取締りも当然厳しくなっていった。そこで、水島は府下のパチンコ店を束ねて景品の買い取りを一元化した組織を結成し、そこから景品問屋を通じてパチンコ店に景品を流す方式を考えだしたのである。

この方式の最大の特徴は、パチンコ店とまったく関係のない独立した第三者の組織が客から景品を買い取ることである。景品問屋からパチンコ店に景品を納入する行為は純粋な商取り引きであって、パチンコ店が景品として現金を提供してはならないとする法律の建前にギリギリ抵触しない——という解釈から生まれたものだ。

水島の右腕として活躍したのが、やはり元大阪府警防犯畑出身の川原操事務局長である。二人の背後には当然ながら大阪府警の暗黙の承認があったことはいうまでもない。大阪方式を実現させるために二人が苦心したのは買い取り業者をどこのだれにやってもらうかだった。そこで白羽の矢を立てたのが大阪身障者未亡人福祉事業協会だった。同協会は当時六八七人の身体障害者や未亡人を抱え、日当六〇〇円の生活扶助を支給していた。水島らの申し入れに当初は面食らったらしいが、新しい仕事と報酬を協会も歓迎した。

昭和三五年末にはシステムの骨格が完成した。府下四三六カ所に買い取り場となる協会出張所を設置し、三六年二月一日から日本初の府警公認の景品買いが実施された。水島の作ったこの方式は業界関係者からも高い評価を得た。同じ大阪の元大阪府遊技業組合連合会（大遊連）理事長・松尾圭造は『全遊連（協）二十五年史』の中で次のように称えている。

「福祉事業協会は当時非常に暴力団が盛んなときに、暴力排除の一環として、身障者、未亡人という恵まれない人に職を与える。その利益でもって、なおかつ社会貢献をするというようなシステムを打ち出したということです。しかし、それについては本当の仕上げに至るまでは大変な努力が必要でした。商品の統一だけでも難事業。加えて他に組織やら人事、考えるだけでも頭が痛くなるむずしい仕事を次々とやり遂げたんです」

暴力団を排除すると同時に社会貢献に結びつけることで換金問題という難問の解決を狙った発想とシステム確立の手腕はさすがというべきだろう。水島のとったこの方式が原型となり、その後全国各地で同様の方式が生まれていくことになる。水島は換金問題の解決でパチンコ業界の歴史にその名を刻むにふさわしい人物といえる。

だが「著しく射幸心をそそるおそれのあるパチンコ」という観点から冷静に事態を見れば、大阪方式は法律上スレスレの建前の論理であることは容易にわかる。法律の精神からすれば実質的な換金を容認することがあってはならないからだ。大阪方式にもっとも衝撃を受けたのは実は警察庁自身だった。

大阪方式がスタートした三六年二月一日から一カ月後の三月三日、警察庁保安局長から警視総監、管区警察局長、県警本部長あてに一片の通知が送られた。名指しこそしていないものの、これが大阪方式を念頭においたものであることは容易に推定できる。

「最近におけるぱちんこ営業の実態およびこれをめぐる社会一般の風潮をみると、ぱちんこ遊技本来のあり方を誤解している向きも相当あるように思われるので、次の点に留意し、一般の指導啓蒙に努められるとともに営業者の指導取締りに遺憾のないようにされたい」

「次の点」の第一点は、「風俗営業取締法にいうぱちんこ営業は刑法の賭博罪を解除するものではない。従って、法本来の目的は著しく射幸心をそそるおそれのある行為を防止することである」という。まるで、新人の警察官を諭すような言い方だ。いや前述の換金を巡る裁判の警察側の主張と同じパチンコ店経営者に向けた言い方と同じであり、それを警視総監あての文書で言っているのには驚かされる。そして第二点目がこの「通知」のもっとも言いたい部分だろう。

「遊技客から賞品を買いとったり、買い取られたりする行為は、営業者が直接行う場合はもとより、第三者と意を通じて行う場合においても明らかに著しく射幸心をそそることになるばかりでなく、結局において賞品という手段を通じて現金の得喪を争うことになる場合さえ生じ、賭博罪を構成することとなる場合もあるので、現行法令の範囲内では認めることはできない」（傍点著者）

第三者と意を通じて賞品を買い取られる行為は明らかに大阪方式を指しており、警察庁は大阪方式を賭博罪になる可能性があるといって明確に否定しているのである。大阪府警の〝暗躍〟のもとに作られた大阪方式、それを否定する警察庁。この文章から換金問題を巡る当時の警察当局内部の混乱ぶりがうかがわれる。そして、この混乱ぶりには第二幕がある。

〝事件〟は同年四月二一日に起った。大阪市内のパチンコ店Sの従業員の横崎治（仮名）はその日、用事があってT商会に顔をだしていた。横崎は息子が支配人を務めるSの手伝いをしながら一方で小さな商事会社を経営していた。相手はSの景品買い取りを担当する大阪福祉事業協会出張所のA子からだった。午後四時すぎ、横崎に一本の電話がかかってきた。横崎とは知り合いの仲である。

「一緒にやっているB子さんが突然休んだので食事をする時間がないのよ。だれか留守番の人をお願いできないかしら。支配人は留守だし、横崎さんに聞いてくれっていうのよ」

パチンコ店の店員が福祉事業協会会員の代わりに景品の買い取りをすれば法律違反となることを横崎は当然知っていた。さりとて出張所を閉められると店の営業にさしつかえる。そこで横崎は自分の経営するT商会の従業員C子を代わりに行かせることにした。C子は社長の横崎に頼まれ、午後五時ごろ福祉事業協会出張所にやってきた。そしてA子はC子にお客から買い取る景品の値段を教え、食事に出かけた。

出張所にはC子ひとりが残った。C子が出張所にいたのは午後五時から七時までの二時間で、その間、C子は実際に景品の買い取りをやっている。買い取ったのは味の素二二〇袋とメリヤスシャツ二枚の計二万二四〇〇円だった。換金に来た客のひとりである男性はC子に換金してもらった事実を後にこう証言している。

「午後五時五〇分ごろ、パチンコ店Sに行った。四〇〇円で遊技玉を買い、約一時間遊んだ。その後に出玉五四〇個を店の正面入口の景品交換所へ持っていき、味の素九袋と交換した。これを福祉協会出張所へ持っていき、そこにいたC子に現金九〇〇円で買い取ってもらった」

この事実は大阪府警の知るところとなった。警察はパチンコ店Sが客に提供した景品を大阪福祉事業協会出張所内で協会員でないC子に買い取らせたことで、それを指示した横崎を検挙した。だが、パチンコ店に対する行政処分はなぜか大幅に遅れた。しかも、大阪府警自ら行政処分の判断を下すことなく、事件発生から約四カ月後の八月二八日に大阪府警本部長から警察庁保安局長あての文書でこの事件の処分のお伺いをたてているのである。そして、それから五日後の九月二日、警察庁防犯少年課長は大阪府警本部長に回答を寄せた。ズバリこう言っている。

「横崎がC子に買い取らせたというより、ぱちんこ店Sが客に提供した賞品を福祉協会に買い取らせている点を重視すべきであり、こうした違反行為が善良の風俗を害するおそれがあると認められる限り、営業許可の取消し、営業停止等の行政処分ができる」

大阪府警の処分決定にいたる保留期間の長さと警察庁の判断の明確さの違いは明らかに大阪方式に対する両当局の〝温度差〟を示している。その温度差をさらに的確に示しているのが大阪府警が送った同じ警察庁あてのお伺いの文書にある福祉事業協会に関する部分である。その中でまず、客に提供した賞品をパチンコ店が客から買い取る行為は射幸心をそそるような行為であることは認めながら、大阪府警は次のように述べている。

「しかし、当府条例には、営業者または従業者が『著しく射幸心をそそるような行為をし、又はさせないこと』と規定しているため、営業者や従業者と意を通じない第三者が、賞品の買い取りをする行為は、条例の違反として問責することができない。現在、大阪福祉事業協会が、ぱちんこ遊技場の賞品を買い取っている行為も、以上のような理由によって、ただちに違反として問責できないと解している」（傍点著者）

このくだりは、前述した三月三日に警察庁が全国の警察本部に出した通達を意識したものである。大阪府警は、福祉事業協会はパチンコ店と意を通じた第三者ではなく、意を通じない第三者であると言って、警察庁の通達になかば反論しているのである。法と法の精神の番人たる警察庁と、現場で法の実際的運用を重視する大阪府警の換金問題に対する認識の違いが明瞭になった。そして、まさにこの時、警察内部に換金システムに関するダブルスタンダード（二重基準）が生まれたのだった。景品の買い取り行為が〝曖昧な行為〟に化したのである。この問題は後々まで尾を引き、最大のテーマとなることをだれが予測し得たであろうか。だが、このテーマは後に譲ることにして、その後の換金システムの動きを追ってみたい。

警察の二重基準に揺れるパチンコ業界

昭和三九年、大阪身障者未亡人福祉協会は財団法人となった。いうまでもなく財団法人は公益法人で、大阪府民生部の管轄だったから、厚生省認可の団体ということになる。したがって、協会の景品の買い取り業務は事実上公益事業と見なされたわけである。背後で尽力したのは警察出身の水島であった。警察庁の動きを睨みながらとった方策かどうかは証明できないが、絶妙なタイミングといい、改めて水島の力量に感心せざるをえない。しかも、買い取り行為禁止への断固たる警察庁の方針とは裏腹に、全国の各県では水島発案の大阪方式に近い換金システムが広がっていったのである。こうした動きに、当然のことながら警察庁はイライラを募らせていく。

昭和四〇年五月一九日、全国防犯保安課長会議が開催された。そこで警察庁の担当者は各県警課長にこう訴えた。

「最近は業界の一部に暴力団との絶縁を理由に組織的に公然と法を否定しようとする動きが見られ、たとえば、営業者自らが賞品を買い受けるための商社を設立しようとする動きや福祉事業に名をかりて、この種事業団体に働きかけ、賞品の買取りを画策しているもの……しだいにその方法が露骨化の傾向にあることがうかがえる。……当面警察としてはその方法がどうであろうと、少なくとも、営業者が介入していると認められる賞品買い行為に対しては、徹底した内偵を実施し、強力な取締りを推進したいと考えている」（『昭和三九年中における風俗営業等取締法の運用状況』昭和四〇年五月）

同じ年の七月、全遊協は業界の健全化を理由に「賞品は売るまい」「賞品はご家庭に」というキャッチフレーズを掲げ、買い取り行為をやめようというキャンペーンを実施した。全遊協が警察のダブルスタンダードに踊らざるを得ない皮肉がここにある。各県単位では独自の換金システムを維持しながら、全国レベルでは「買い取りはやめよう」というのだから矛盾もはなはだしい。本音と建前が違っている。当時、その点をついた業界誌もあった。水島全遊協理事長のお膝元では、福祉の名のもとに景品買い取りが公然と行われている。このキャンペーンはゼスチャーではないかというのである。

「景品の売買には業者が直接タッチしていないので、合法的な仕組みとはいえるものの、実際には景品還元による利益を得ているわけだ。ましてや〝賞品はご家庭に〟運動と称してお客に呼びかけながら、換金窓口を温存するのは、問題の本質を巧みにそらそうとする欺まん行為といってても仕方なかろう」（「グリーンべると」昭和四〇年八月号）

警察庁の変節

昭和四四年には、岡山県で独自の換金方式がスタートしている。景品買い取り業の岡協商事の設立以来、換金システムの確立に尽力してきた岡野昭二郎は当時をこう振り返る。

「それまではパチンコ業界とは関係のない会社にいたんです。そして、知り合いから新しくこういう会社ができる、ついては常務に座ってくれるだけでいいと言われ、安易な気持ちで引き受けたんです。ところが、いざ入ると椅子に座っている暇なんかありません。既存の買い取り業者を回って説明に当る毎日でした。業者の中にはいままで各地区の組合長の依頼を受けてやっていたのに、なんで岡協商事を通さなければいけないのかという人も多くいました」

岡山県下の業者をひとつに束ねるのは並大抵の苦労ではなかった。既得権を侵害されると思った業者の反発はすごいものがあった。岡野が訪問すると、「お前、何しにきたんだ」とすごい剣幕で追いだされることもしばしばだった。パチンコ店も、換金という心臓部を預けることになるわけで不信の念を抱く者も少なくなかった。だから、警察のバックアップがあればこそできたことであった。

「この方式が警察当局の指導で誕生したことは間違いありません。暴力団の排除と換金問題のクリアのためにパチンコ店とは関係ない第三者を通じた換金方式が警察として譲れるギリギリの線だったんです。当初、この会社の設立以前には警察ＯＢの方々で運営しようとしたと聞いていいます。ところが、県警の本部長が取締る側と取締られる側が同じではよろしくないということで、その組織は設立後数カ月で解散になりました」（前出・岡野）

警察とパチンコ店に無縁の岡野に白羽の矢が立つことはうなずける話だ。県警は岡協商事でひとつにまとまるように各所轄署を通じて地区の組合を説得したという。だが、それ以外のいっさいの業務は岡野たちが切り盛りしなくてはならなかった。

そして設立間もなく岡協商事の社長が死亡し、岡野の負担はさらに重くなった。警察は岡協商事に協力する一方で、岡協商事がパチンコ店と変なつながりを持たないように監視も怠らなかった。会社の周辺に警察官が張りついていたこともあったという。岡野らの事業は換金問題の解決という業界最大の課題を前提に業務を遂行しなくてはならないという一般企業とは違う苦労があったのである。

さて、こうした各地方で進む換金のシステム化に対し、警察当局はその後ずっと本音と建前に揺れながら推移していくことになる。

岡山で換金方式が生まれた昭和四四年から約一五年後の五九年一二月一三日、風俗営業取締法大改正を論議する参議院地方行政委員会の席上、公明党の原田立議員（当時）がこう質問した。

「景品買いにもいろいろあるが、俗にいう三点方式とか四点方式など第三者が買い取る方式は法律から見てどうなのか」

答弁に立った古山剛警察庁防犯課長（当時）はこう述べている。

「そういう第三者、全く別のところで景品を買う、買われるという問題につきましては、これはちょっと私どもの方としましては法的に関与できない問題でございますけれども、やっぱり業界としてそういうようなものに暴力団がかかわらないような、そういうようなことをやってくださいということで、いろいろと指導あるいはお願いをしているというような実態でございます」（『参議院地方行政委員会風俗営業等に関する小委員会議事録』より。傍点著者）

回りくどい言い方だが、換金システムに暴力団が関わらない限り容認するとも受け取れる。いつの時点で警察庁の態度がこのように変化したのかはわからない。昭和四七年に故人となった水島年得はこの発言をあの世でどう聞いたであろうか。

換金が合法か非合法かを巡っては、後に大きな問題となって再燃することになる。

7 技術革新への挑戦

裏回りの女性たち

戦後のパチンコ店の営業の主役は多くの女性たちであった。貸し玉を手渡したり、玉と景品を交換するだけではなく、パチンコ機の裏側に待機し、玉の補給を担当する裏回りと呼ばれる女性従業員たちもいた。朝の九時ごろから夜の一一時ごろまで、彼女らは文字通り昼夜別なく働いていた。

ひとりの女性がだいたい一〇台の機械を担当し、玉がなくなると急いで台の上のタンクに補給する。うっかりすると、「オイ！ 玉が出ないぞォ」と客が声を荒らげる。機械をドンドンと叩いたり、足で蹴ったりする客も珍しくない。急に怒りだしてはパチンコ玉を上から投げつける客もいた。

営業中は持ち場を離れるわけにはいかない。人ひとり通れるだけの細長い箱の中で彼女たちは一日を過ごした。夏場ともなると箱の中は温度が上昇して蒸し暑くなる。まだ二〇歳前の女性がスリップ姿に前掛けをしただけというあられもない格好で働くことを余儀なくされた。閉店後は粉石けんをまぜた熱湯で各台から集めた玉を洗い、最後に布で水気をふきとる。作業は深夜にまでおよんだ。翌朝はふたたび手作業で玉を各台に運ぶ。思えば過酷で劣悪な労働環境であった。元広島県遊技業協同組合理事長の大林訓司は当時をこう述懐している。
「女性従業員はシマの中に入れられて裸足で板の上を走って、そして玉を入れる。夜になると肩がこってもう女の子は手も上がらんようになる。籠の鳥じゃないが、あの中に押し込めておいてね。損したお客には怒鳴られて。冷房のない時代に……大変でした」(『全遊連(協)二十五年史』より)
彼女たちは地方からやってきた者が多かった。ほとんど住み込みで、パチンコ店の二階などに寝泊まりしていた。昭和三〇(一九五五)年代に入ると地方から集団就職列車に揺られてパチンコ店にやってくる女性たちも増えていった。それは日本経済が復活の兆しを見せるのに見合っていた。農村から都市へ、職を求めて若者を中心に人口の流入がはじまったのである。三〇年代のパチンコ店の営業は、こうした女性たちの過酷な労働に支えられていたのである。いまでは想像もできない前近代的なパチンコ店の職場環境をなんとかしなければと考える経営者も当時は少なくなかった。

自動玉補給装置の発明

元は家具の指物師であったその男は戦後、愛知県の半田町でパチンコ店を経営していた。戦争中は職人としての腕を買われて三菱重工に戦時徴用され、金物を扱う技術も身につけた。その経験が敗戦後、この男の職業を決めることになる。男は空缶を使って器用にパチンコ機械を作り、それを店に並べて営業したのである。

男は店の営業より機械の製作のほうに関心が強く、つぎつぎと新しい機種を開発していった。

男の性格は頑固一徹。一度機械の製作に取りかかると寝食を忘れて熱中する根っからの職人だった。昭和三〇年に入ると、男は憑かれたようにある大仕事に没頭した。しかし、当初は工場にこもって仕事をするでもなく、何かを考え込んでいる風で、終日外を出歩いてブラブラしているだけだった。あるときは工事現場に佇み、じっと作業風景を見ていることもあった。

意を決したように作業に着手すると、いつものように寝食を忘れて仕事に没頭した。男は図面を書いて製作するという性(たち)ではない。材料の寸法をあれこれと思案しながら、形を作りあげる職人芸がモットーだ。工作機械の横にベッドを持ちこみ、夜を徹して作業に取り組む日々がつづいた。

昭和三三年の暮れも押し迫った一二月二三日、名古屋市中区東新町に新たにオープンしたパチンコ店で男の大仕事がようやく日の目を見た。店内に足を踏み入れた客や業界関係者は中の異様な風景を見て一様に度肝を抜かれた。

約二〇〇台の機械を設置した店内の中央に高さ約三メートルの大きな鉄パイプが一本屹立していた。てっぺんには貯水槽に似たタンクが取りつけられている。みなが驚いたのはそのタンクから細長いパイプが各島のパチンコ台の上部へ向かって放射線状に走っていることだった。パイプの数は台数と同じ約二〇〇本。だれもが従来のパチンコ店のイメージと違う光景に目を見張った。

この装置こそ通称タコ足と呼ばれる玉の補給を自動化した全店還元装置であった。そしてこの装置を作った男とは、竹屋の初代社長竹内幸平である。装置の基本原理は中央に屹立した鉄パイプで玉を下から上に持ち上げてタンクに玉をためて、その玉をパイプの傾斜を利用して各台に流すというものである。

随所に独自の工夫が凝らしてあった。まず、地下室が設置され、そこに玉を集めて玉磨機で玉を磨くという工夫。磨かれた玉はふたたび地下室から店内中央の鉄パイプのタンクへ送られるのだが、問題はどうやってタンクへ持ち上げるかだ。竹内が考えたのは自転車のチェーンのようなものに玉を一個ずつ挟みながら上げる方式である。タンクに送られた玉はパイプを伝って台に流れる。そしてアウト玉は島の裏の樋（とい）を流れてふたたび地下室に運ばれるという仕組みである。

さらに竹内は、玉の台への入口と出口に一〇個単位でカウントされるメーターを取りつけた。これによって補給玉とアウト玉の計算が簡単になる。この補給装置は人力に頼っていた作業を完全に省いてしまったのである。

島の裏回りの女性たちの過酷な労働は一挙に解消された。同時に台の裏のスペースは必要なくなり、有効活用できるというメリットも生んだ。まさにパチンコ営業の近代化に貢献する発明だった。だが、それは発明であって完全な実用化や商品化にはまだまだ道は険しかった。竹内の息子で、竹屋社長の竹内正博が当時をこう振り返る。

「全国から業界関係者が大勢見学にきましたよ。みなさん驚いていました。ただ装置の評価は賞賛半分、嘲笑半分というのが正直なところでした。何をやっとるんだ、そんなことができるわけがないという見方をする人もかなりいましたね。たしかによく故障したのも事実です。それでも父はそんな声には見向きもせず、客が入らなくてもいいぐらいの気持ちで装置の改良に打ち込んでいました」

この店の名前は竹屋会館という。名古屋の官庁やオフィス街の中心にあり、昼どきになれば大勢の客で満員になった。だが、そんなときに限って補給装置の調子が悪くなった。中央パイプ上のタンクの玉が不足するたび、三メートル上まで店員が登って、バケツリレーよろしく従業員総出で玉をタンクに補給した。体から汗が吹きだした男たちが、上半身裸の状態で下から上へとせっせと玉を運んだ。さぞかし異様な光景であったろう。だが、そんなことを意にも介さず、業界人の中傷やお客の迷惑も顧みずにただひたすら装置の改良に打ち込む竹内幸平の姿こそ、凡人にははかりしれない異様さがあった。

息子の竹内正博でさえ「あんな人は見たことがない」と言うほどである。しかし、竹内幸平の試行錯誤の連続が、やがては業界にとって大きな福音となるのである。

人手不足とイメージダウン

高度成長へ向かって離陸しはじめた昭和三五年以降の日本経済は恒常的な人手不足の状態がつづいていた。若者を「金の卵」と呼びはじめるのもこのころである。とりわけパチンコ店は深刻な人手不足が発生し、その後一〇年以上も悩ませられることになる。人手不足の時代は多少給与が高くても重労働の職場は敬遠される。その点、パチンコ店の仕事はいまでいう3K労働の典型だった。こんな仕事なんかやっていられない、もっと楽な仕事を、ということで自然にパチンコ店を去る従業員も増えていく。パチンコ店は慢性的な人手不足状態となり、従業員募集の広告を一年中店先に貼りだすことも珍しくなかった。しかも応募してくれれば身元や性格もたしかめずにだれでも雇ってしまうのがパチンコ業界の風潮になった。

「とにかく、昔は人手がないから刑務所から出てきた奴でも雇わにゃいかん。そうでなければ商売はできない」（業界関係者）というような状況であった。

昭和四三年の東京・池袋のあるパチンコ店では二〇〇〇万円の持ち逃げ犯人が店員として働いているのを、手配書を覚えていた客が見つけて警察に通報し、捕まるという事件も起きている。さらに四五年二月二〇日、東京都多摩川で発生したバラバラ殺人事件の犯人が奈良県橿原市のパチンコ店で働いていたが、その正体に経営者が気づいて警察に通報し、逮捕される事件も発生した。変装した犯人をこの経営者が見破ったことで世間は経営者を賞賛したが、一般の企業なら採用されない人間でも、パチンコ店なら就業できると、世間が見ていたということであろうか。

昭和四〇年ごろの鎌倉市のあるパチンコ店の支配人の話である。

「私など、募集の貼紙などしたこともないが、それでも来る。『今日は晩めしも食えないし、泊まるところもない』と言って来るのです。一年もいて貯金もできないようなのは『社会のクズだから出ていけ』というと、泣きながら置いてくれというのがまず八割ですね。東京で私が拾った男ですが、今は彼女と二人で店にいて、月に四万五〇〇〇円ぐらい貯金しています。そうなると周囲がまた、それに負けないよう競争する。そういう空気をつくるにははじめのうちは一時も目を離せません。これは中小企業だからできることで大企業でしたらできません。われわれは幸せなことにこういうことができるのです」

この話を聞くかぎり、パチンコ店は社会の更生施設のような印象を受ける。しかし、こうした自慢話が出るほど当時は従業員の質が低下していた。パチンコに対する世間の悪いイメージを作りだしたのは、そのギャンブル性や暴力団との関係もさることながら、従業員の質や職場環境も原因のひとつと考えられる。同時に、マスメディアの採り上げ方もパチンコのイメージダウンに大きく影響したと語る業界関係者もいる。

「当時の映画にしても、チンピラだとか暴力団の逃げていくところはパチンコ屋の二階だとか地下室の倉庫みたいなところなんですね。そこが麻薬取り引きの温床だったりね。とにかく悪い方に悪い方にばっかり使われました。テレビから新聞から映画からみんなね。もうことごとくパチンコというものを罪悪視しておったのです。そのころですかね、フジテレビで『転落の詩集』という集団就職の問題を取り上げたのです。集団就職してきた女の子がどうも最初の希望と合わない。都会生活に入ってきたけれども、どうも周りがみんなきらびやかにやってい るということで彼女も転落の道をたどり、やがてパチンコ屋の店員やバー、キャバレーのホステスになっていくんです。その番組に対してフジテレビに抗議を申し込んだこともあります」

パチンコ店の職場環境

人手不足は店の経営に影響をあたえるだけでなく、従業員の過重労働を招く。その結果、接客業というサービス業でありながらお客に対する従業員のマナーも低下する。とくに混雑時の店内は殺伐とした雰囲気が漂った。「内外タイムス」が昭和四四年の都内のパチンコ店の風景として以下のような記事を掲載している。

客「四発も五発もタマが出てこないぞ。始末の悪い機械だ」

男子店員「機械だってぶっこわれることあんだぞ。ガタガタいうなよ」（上野で）

客「一〇〇円っていったんだよう。二〇〇円はいらないよ」

女子店員「あなた二〇〇円って言いましたよ。はっきり聞いたんですから」

客「いや一〇〇円って言った」

女子店員「困りますよほんとに。もう少しはっきり言ってください」（新宿で）

客がガチャガチャと台を叩いている。そこへ店員がやってきた。

店員「困るなあ、そんなに叩いて。いい加減にしてくれよ」

客「なにいってんだよ。ランプつけてから五分以上も来てくれなかったじゃないか。ちょっとくらい叩いたからって文句いうなよ」

店員「あんたばかりにかかわり合っているわけにはいかないんだよ。人手が足りなくて困ってんだからね」（目黒で）

従業員の接客態度が悪くなれば、客足は自然に遠のいていく。ましてや女性客は見向きもしなくなる。連発式以前の昭和二七年ごろ、検事や主婦、女子学生までがパチンコに興じた大衆娯楽の時代とはすっかり様変わりしてしまった。しかし、すべてのパチンコ店や従業員がそうだというわけではない。世間から冷たい視線を浴びながらも真面目に働く従業員はいた。昭和四三年ごろ、東京のある店で働いていた青年はこう発言している。

「田舎の人は遊技場に働いているというとよく『なんだパチンコ屋か』という人が多い。僕の田舎もそうだ。しかし、それは知らない人がいうことであって私の店は決してそうではない。過去には従業員の中で、自分の家の人にさえ遊技場で働いていることを隠したりする人がいた。どうしてそういう貧しい心しか持てないのか、もっと大きく胸をはって歩けばどうなのか。僕はいつもそう思う。……自分が立派に精一杯働いているという信念さえ持つことのできない弱い人間、僕はこういう人がいるからこそ、いつまでたっても社会の眼は同じだと思う。パチンコ屋が世間で悪くいわれてきたのは、はっきりいってそこにいた従業員が悪かったからだ」（「グリーンべると」昭和四三年九月号）

パチンコ店に対する悪印象は、もちろん従業員のせいばかりではなかった。しかし、こうした純真な青年が声を大にして訴えるほど日陰の職場的存在だった。それでも中には従業員の定着率向上と店の健全経営に努力を惜しまない経営者も存在した。静岡県浜松市で三五〇台の店を経営していた村越一哲は昭和三四年当時をこう振り返る。

「店の従業員は七〇人いました。ほとんどの店が丸一日働きづめだったころ、うちでは夕方の四時三〇分に交替する二部制でした。ですから店に常時いる人間は三五人ですね。約一〇台にひとり張りついている計算です。玉を運んだり、磨いたりとたしかに重労働ではあったんですが、店内には冷暖房装置を早くから導入したり、労働環境を少しでもよくしようと努力しましたね」

村越はパチンコ店以外に大衆割烹や食料品店、日本電信電話公社（現ＮＴＴ）の食堂なども事業法人として経営していた。だから、労働基準法等の法規にのっとった労務管理にも注意を払い、深夜手当など諸手当も支給していた。当時のパチンコ店には珍しく、昭和三六年からは健康保険などの社会保険や失業保険にも加入している。村越は語る。

「当時はそんなことまでする店は少なかったでしょう。また従業員からも『そんな保険なんていらないから手取りを多くよこせ』なんて言われたくらいですからね。しかし、そのときの従業員が後に年金をもらうようになって、やはり入っててよかったなんて言ってきましたよ」

そうやって七〇人の人員を抱えることは大きな負担であった。「もし、オートメーション化が進まず、むかしのままだったらパチンコなんか一挙につぶれていたでしょう」と村越は語る。

時代は竹内幸平らメーカーの補給装置の誕生を待ち望んでいたのである。

進むオートメーション化

竹内の装置改良の研究に決定的影響をあたえたのが昭和三四年の伊勢湾台風であった。竹屋会館に補給装置が誕生してから約一年後の九月二六日、台風は中部地方を襲った。死者・行方不明者五〇〇〇人という戦後の台風史上最悪の大被害を生んだ。しかし、この台風から竹内は補給装置改良の教訓を学ぶ。息子の竹内正博は語る。

「名古屋の南区のパチンコ店の地下室に水が大量に流れ込みましてね。しばらくは営業できませんでした。これでは地下室もだめだということになった。しかも古い木造のパチンコ店だと、わざわざ地下室を作るのは容易ではない。そこで、穴を掘って鉄の箱を埋め込んだんです。すると、今度は水害が発生すると水圧で箱が浮いてくるんですよ。とにかく考えられないいろんなことが起りましたよ」

試行錯誤を重ねていた昭和三七年、竹屋会館に全店還元方式が登場してから四年後、ようやく今日の竹屋方式の原型である島還元方式が誕生したのである。これは各島ごとに補給タンクを設置し、島内のアウト玉を循環させる方式である。この方式の最大の目玉はアウト玉を磨きながら島の中央の補給タンクへ玉を持ち上げるという点だ。

どうやって玉を補給タンクに持ち上げるかだが、これはレシコンと呼ばれる樹脂性のベルトを縦に巻きつけてモーターで上下に回転させ、それからもう一枚布をベルトに合わせて密着させる。そうすると玉はベルトと布に挟まれる形で上部に上げられるのである。それと同時に、玉の汚れが布によって拭き取られる。一石二鳥の画期的な装置だった。

「愛知県の知多半島には紡績工場も多く、親父は布で玉を磨くという発想を思いついたんでしょう」

この方式なら玉を一カ所に集めて磨く地下室は必要なくなり、ひとつのフロア内に装置の設置が可能となる。昭和三八年には竹屋式パチンコ玉自動補給装置として特許の出願をした。しかし、この装置にしてもなお爆発的に全国に普及することはなかった。原型はできても細部で故障がしばしば発生したのである。

「五月、六月の入梅の時期には湿気が発生し、玉が流れなくなる。いかに傾斜をつけても丸い玉が転がらないんですよ。そのためには相当の工夫が必要でした」（竹内正博）

竹内幸平は事あるごとに、「パチンコの玉は四角いサイコロと思え」と従業員に言った。四角いサイコロを転がすように工夫しなければ、丸いパチンコ玉は転がらないというわけだ。それほど補給の仕組みは簡単ではないのである。それでも、改良を加えられた島還元装置はしだいに全国のパチンコ店にその名を知られるようになった。各地からパチンコ店経営者がこの装置を買いに足を運んでくることも珍しくなくなってきた。しかし、装置が完璧でないかぎり「まだいかん、十分じゃない」と言って竹内は売らなかったという。彼の頑固一徹さは生涯変わることがなかった。

昭和四〇年代に入って竹屋式補給装置は急速に普及していくことになる。全国から引き合いが相次ぎ、注文に対して生産が追いつかないような状況になった。導入店は従業員募集のチラシに「竹屋式オートメーション採用ホール」という文句を掲げた。補給装置は〝従来の手作業による重労働はありません、仕事は楽です〟というイメージに使われたのである。

玉の補給装置の開発は竹屋だけではなく、各メーカー共通の関心事だった。

後述する無人機とともに、西陣も補給装置の開発を先駆的に実践してきたメーカーのひとつだった。西陣の全店還元方式の嚆矢(こうし)は「宇宙パイプ」と呼ばれる装置である。店の天井部分に指令室と呼ばれる操縦スペースを設置し、そこから各台ごとに玉を送ることから「宇宙パイプ」と命名された。指令室には人が張りつき、玉切れのランプがつくとスイッチを押して玉を補給する。各島に集まるアウト玉を店員が玉磨機へ運び、磨かれた玉はリフトで天井部へ運ばれるという仕組みだ。全店還元といっても、指令室やアウト玉の回収に人力を要したのだから半自動装置だったというほうが適切かもしれない。しかし、それでも、店にとっては大幅な作業の軽減につながったから引き合いは相次いだ。

昭和三四年に西陣に入社した筒井智もこの装置を全国に売り歩いたひとりだ。

「当時は営業の現場にいてとにかく忙しい毎日でした。装置の設置となるとトラックで装置を運ぶ一方、店には一〇人ぐらいの職人が必要になります。職人の手配も大変でして、飛行機で現場に送ったものです。当時、飛行機はなかなか普通の人なんかが乗れるものではありませんでした。会社でも部長や役員クラスしか乗れなかった時代です。職人の方も飛行機に乗ったことがないため、笑い話のような実話もあるんです。ある職人なんか、タラップのところで靴を脱いで裸足で上がった。そんな時代でした」

西陣は宇宙パイプにつぐ補給装置として昭和三九年に完全自動補給装置「月光ライン」を開発する。従来の指令盤に代わるものとしてミサイル盤と呼ばれる操作盤も開発した。押しボタンを押すと五〇〇玉切りカウンターが作動して自動的に台の残り玉を計量し、ちょうど五〇〇玉となるように補給する画期的な装置であった。玉は天井部のベースタンクから各島ごとに通したパイプを伝い島上部のスモールタンクに集まる。そこから島内の角樋を通過して各台に玉が流れる。アウト玉は島から貯留タンクに集められ、玉磨機を経てベースタンクに上げられる。人手のかからない完全自動補給装置がこうして誕生することになる。西陣ではその後も装置のレベルアップを図り、昭和四五年にはアウト玉を自動的に計算する「浜千鳥」と命名されるシステムを開発した。さらに、翌四六年には補給玉管理のミサイル盤と浜千鳥を合体させたミックス盤が開発される。これは、補給とアウト玉を自動的に計算・管理することを可能にした。補給装置の画期的な開発にともなって、装置の売れ行きも伸びていった。昭和四一年、自動補給装置の新規導入店は七三軒であったが、四三年には一〇五軒、四五年には三二九軒と増えていった。だが、こうした市場拡大の一方で、竹屋方式と同様に西陣にも試行錯誤の歴史があった。

筒井はその当時の苦労をこう語っている。

「操作盤のスイッチを押しても玉が出てこない。また角樋から玉が流れない。丸い玉が止まるというのもこのときはじめて知りました。手で押しても動かないんです。そのたびにどうしたら玉が転がるのか考えながら改良を加えていきました」

月光ラインの試運転は新宿の三越前にあった新宿ゲームセンターで実施された。第一号の導入店は東京の武蔵小山の店だった。つづいて同じチェーンの蒲田店が導入した。導入当初、筒井は補給装置のメンテナンスに明け暮れ、ほとんど寝る暇もないほどだったという。

「島の中に立ったまま首をつっ込み、仕事をする振りをしながら寝ましたよ。最初はそれほど装置の調子が悪く、よく故障したということです」

さらに、地方を回っていた時分のエピソードを筒井が語る。

「パチンコ店に拉致、監禁されたこともありましたよ。四国の松山でした。装置の具合が悪く怒りだした経営者に指令室の中に閉じ込められましてね。こっちはまだ装置の代金ももらっていないのに、金持って謝りにこいと東京に電話までされましてね。丸一日閉じ込められました。忘れられない思い出です」

コンピュータ補給システムの登場

玉補給の省力化、合理化の歴史で忘れてはならないのが補給装置と並ぶ無人機の登場だろう。パイオニアとして知られる西陣のレコンジスターが誕生したのは昭和三六年だった。その仕組みは、まず台の裏の上部の皿に五〇〇個なりの玉を入れておく。客が弾いたアウト玉は台裏の中タンクに入る。上部の皿から玉がなくなると今度は中タンクから玉が出るというものだ。この方式では最終的に客が五〇〇個の玉を全部取ってしまわないかぎり補給の必要がないのである。この無人機の登場は従来の島の幅を大きく縮めることになった。通称「一尺島」の誕生である。つまり、島の幅は約三三・三センチにまで縮まり、従来の三分の一になった。店内のスペースがぐんと広がったのだ。

無人機はパチンコ店経営者に歓迎され、東京を中心に全国に無人機フームが巻き起っていった。西陣は全店還元方式の月光ラインと、この無人機を武器に市場を席巻していく。昭和四二年、西陣の無人機を導入している店は一七〇〇軒におよんだ。しかも、東京の全パチンコ店一一〇〇店舗の約八〇パーセントが西陣の無人機であった。他社も相次いで無人機市場に参入するようになり、アウト玉を台の上部の皿に持ち上げる台専用の新還元方式も登場するが、西陣の無人機以上に優位性を持つものではなく、西陣の強さは圧倒的だった。

しかし、昭和四四年以降の百発皿の普及にともなって、無人機市場にも陰りが見えはじめた。だれでも一分間に一〇〇発を打てるようになると、無人機の補給容量では玉不足が生じることになったのである。竹屋につづき、エース電研の「ポリコン」を使用した島還元方式が登場するにいたって無人機市場はしだいに衰退の道を辿っていくことになる。

昭和四七年以降、全国的な補給装置ブームが巻き起り、もはや補給装置は店の営業には欠かせない存在にまでなった。かつての人力による前近代的な玉補給から全店還元、無人機、そして島還元へと、メーカー各社が開発競争をくり広げた結果、パチンコ店の省力化、合理化が急速に進んだ。そして、省力化、合理化にいっそう拍車をかけたのがコンピュータの登場だった。

昭和四七年三月、エース電研は業界初のコンピュータを組み込んだ補給システムを市場に送りだした。その機能は、

①ボタンひとつでいっせい補給が可能。

②追加玉とアウト玉のさし引き数を自動的に表示し、全台の出玉管理を一目で掌握。

③玉の自動補給や打ち止めの自動停止や打ち止め解除の自動制御。

といった画期的なものだ。わずか一〇年ほどで玉の補給システムは長足（ちょうそく）の進歩を遂げたのである。こうして、業界はしだいに人手不足の状態を脱していった。昭和四九年の初頭、業界誌の「グリーンべると」はこう書いている。

「一、二年前まではどこのホールにいっても『人手不足でねぇ』という会話を聞いたものであるが、最近は不思議なくらい会話の中に出てこなくなった。その理由としては、①省力化機械の目ざましい発達とそれを完備するホールが多くなったこと。②経営者が若返り、現代感覚にもとづいた従業員の納得のいく労務管理ができるようになった。③大型企業（郊外店）の進出によりパチンコイメージが一般に急速にアップし、パチンコそのものに潜在的ともいえる暗さがなくなったこと」

三五〇台の店に三五人の従業員が働いていた時代とは隔世の感がある。店で働いていた女性たちはいったいどこへ行ってしまったのだろうか。

パチンコファン向けの雑誌「王様手帳」が昭和四六年に自動玉貸機の利用度調査をファンに実施した。当時はまだ女性店員から玉を買う方式と玉貸機を併用している店が多かった。自動玉貸機と玉売娘のどちらを利用しているかとの質問に、玉貸機を利用している人は一二・八

パーセント、玉貸機と玉売娘を半々ぐらい利用している人は五〇パーセント。玉売娘を利用する人が三七・二パーセントもいたのである。

さらに、玉売娘を利用すると答えた人は東京だけにかぎると四五・七パーセントにも上った。パチンコ店の省力化、近代化は進んだが、それでも玉売娘に愛着を感じるパチンコファンは多かったのである。

そしていつしか玉売娘も店から消え、パチンコ店は客回りの男性従業員主体へと変化していくのである。

しかし、省力化、合理化の結果、それまでのような人件費がなくなった分だけ機械などへの設備投資が膨れ上がっていったことも否めない。設備投資に見合うほどパチンコファンは増えず、客単価も上げられない状況で、パチンコ店の過当競争が激化していく。競争に耐えられず経営を圧迫される店も続出した。

さらに新たに登場した「インベーダーゲーム」のブームがパチンコ店の経営悪化に拍車をかけるようになる。若者のパチンコ離れが進み、パチンコ不況という言葉が業界に重くのしかかってくるのである。

8 狂熱への序章

救世主フィーバー

昭和五五(一九八〇)年一一月初旬——。パチンコ関連企業の事業所がひしめく台東区東上野。通称パチンコ村と呼ばれるその一角を歩いていたパチンコ機メーカー三共の東京支店長の岡孝亮(当時)は偶然ある人物と出くわした。

「よう、岡ちゃん。ちょうどよかった。ちょっと話があるんだが……」

気安く声をかけてきた男はエース電研社長の武本宗一だった。

「おまえさんとこのあの機械、フィーバーだっけ。なかなかおもしろそうじゃないか。実はうちの(新潟県)長岡の店が一二月に入れ替えオープンするんだが、一二〇台ほど入れてくれないか」

単刀直入な言い方と、道端での大量の注文に岡はいささか面食らった。

「エッ! 一二〇台!? ちょ、ちょっと待ってくださいよ、社長。いくらなんでも多すぎる。そんなにたくさん入れたんじゃ、こっちも責任持てません。せめて五〇台ぐらいなら……」

「いや、俺が選んで買うんだから、失敗するにしても三共には迷惑をかけない。俺の目が狂ったんだから、そのときはしょうがないよ」

岡は事務所に戻ると、さっそくこの注文を受けるべきかどうか本社の役員に電話で相談した。

「まあ、武本さんがそうおっしゃるなら入れてみようよ」

役員のこの一言で決まった。しかし、それでも果たして大丈夫だろうかという不安が岡にはいつまでも消えなかった。

全国のパチンコの設置台数が年々減少を辿る、いわばパチンコ不況の時代だった。通常なら大量の注文は小躍りして喜んでもよさそうなものであるが、そうもいかない事情がこのフィーバー機にはあったのである。

昭和五五年七月二九日、三共の新型機種発表展示会が東京のホテルで開催された。このとき、他の新機種にまじってお目見えしたのがフィーバー機だった。ところが、その日もっとも反響が大きかったのは、当時の人気機種だった京楽のUFOに類似したジュピター。フィーバーはそれほど注目を浴びることはなかったのだった。理由はフィーバーの開発の経緯と関係していた。

「昭和五三年ごろから三共では『ブレンド赤坂』という機種を販売していました。スロットマシンからヒントを得たもので、入賞するとドラム中央の三つの絵柄がグルグル回るんです。客が押しボタンを押し、絵柄がそろうと大当りになるという仕掛けです。ところが、しばらくすると客の目が慣れて目押し、つまり狙い撃ちされるようになりましてね。シリーズをいくつか出したんですが、ことごとくやられました。それで結局、思うように売れず、ドラムの在庫を大量に抱えてしまったんです」（前出・岡）

在庫となったドラムは数万台分だったという。残されたドラムは廃棄処分するか、新たな機械に応用するしかない。そんな折、同社の役員が九州のパチンコ店で奇妙な光景に出会った。

チューリップが開きっぱなし、玉が出っぱなしの状態の台があった。故障か何かで偶然そうなったのであろう。それを見たとき、三共の役員にひらめくものがあった。故障ではなく、計画的にアタッカーを開きっぱなしにすることはできないだろうか――。役員は本社に戻ってさっそく開発に着手した。そうして生まれたのがフィーバーであった。

押しボタン式の「ブレンド赤坂」と違い、フィーバーは絵柄が自動で止まる。ドラムの「7」の数字が三つそろうと大当りとなり、下部のアタッカーが三〇秒間開く。その間に中心部のVゾーンを一個でも玉が通過すれば、ふたたびアタッカーは三〇秒間開く。三〇秒間に打たれる玉数は約五〇発、アタッカーに入る玉数は約二〇個、そのうち一個は間違いなくVゾーンに入るから、アタッカーは文字通り開きっぱなしの状態になる。フィーバーは型破りの機械だった。仮に、三〇秒間に玉二〇個がアタッカーに入るとすれば、出玉数は三〇〇個という計算になる。わずか五分間で三〇〇〇個である。この驚異的な出玉数が後に客を狂乱させることになるのだが、開発当初はだれもがそれほど売れる機械だとは考えなかった。

「あくまでもブレンドの改良型でしたし、しかも、こんな玉が出るか出ないか、取るか取られるかといったキワモノ的機械に客がつくわけはないと思っていました。営業サイドではこんなものは売れるわけがないじゃないかという感じでしたね。新機種の展示会でも脇役的存在でした」（前出・岡）

事実、昭和五五年夏の発売当初の注文は得意先を中心に一〇台、最高でも二〇台ほどだった。しかし、その台を入れたコーナーだけは異常な売上げを示した。ところが、売上げに見合う客がついているかといえばそうではなかった。また、打ち止めにしなくてはいけないなど、他の機種と違って店が営業上の工夫をしなければいけない手間を要する機種でもあった。

いずれにせよ、三共では傍流の機種として扱われていた。そんな折の武本宗一からの大量発注だったのである。

武本の直営店は「白鳥」という新潟県長岡駅前の店だった。一二月二一日のオープンには、台数三一三台のうち一二三台のフィーバー機を導入する予定になっていた。これだけ大量のフィーバー機の納品は三共としてもはじめてであった。責任者の岡にとっては台数の多さに加えてもうひとつ心配事があった。フィーバーという機械は、何らかの作用で心臓部ともいえるICの基板から静電気を発生させる恐れがあったのである。それによって確率が変動したり、場合によっては機械が止まってしまうこともあった。すでにこの静電気対策に着手してはいたが、「白鳥」のオープンには間に合いそうになかった。

一二月二〇日の夜、群馬県桐生の工場から「白鳥」にフィーバー機が運ばれた。岡をはじめとする東京支店や桐生工場から三共の社員約一五人が到着し、機械の取りつけ作業にかかった。オープンは翌日二一日の午後五時である。

一面の雪景色にもかかわらず、店の前にはオープン前から長蛇の列ができていた。午後五時入店開始。従業員は背中に「満員御礼」と書かれた半被(はっぴ)をまとい、ねじり鉢巻姿で威勢よく客を迎えた。またたく間に店内は客でごった返した。玉が弾け、流れ出る音と客の熱気で店内は喧騒の渦となった。

無事に開店できたとだれもがホッとしたのも束の間、わずか二〇分で異変が起った。一台のフィーバー機が突然停止。すると、隣から隣へと台がバタバタと止まり、ついに一二三台すべてのフィーバー機が停止してしまったのである。

「静電気障害でした。こうなると手がつけられません。急いで桐生の工場に電話をすると、この日二一日にやっと静電気対策を施した基板が完成したということでした。すぐに長岡に持ってきてくれと伝えました」（前出・岡）

異様な熱気に店内が興奮

この日は故障のためわずか三〇分で閉店。翌二二日に再オープンすることになった。深夜一時ごろに桐生から基板が届き、徹夜で基板の取り替え作業が行われた。そして、店の従業員や三共の社員が、故障が起きないか開店前に試し打ちをやった。異常は発生しなかった。しかし、全台稼働したらどうなるのかという不安は消えなかった。岡たちが固唾を飲んで見守る中、二日目のオープンを迎えた。前日と同じように店は大勢の客であふれた。機械に異常は起らなかった。静電気障害は無事にクリアしたのである。岡をはじめだれもが胸をなでおろした。

ところが、今度は別の〝異変〟が起ったのである。フィーバー機は予想通り開きっぱなしの状態がつづいた。玉がつぎつぎに玉皿にあふれ出てくるにしたがって客の目の色が変わりはじめた。一気に玉が何万個も出てくるという体験に客のだれもが興奮している。それが手に取るようにわかった。

この日、従来の玉箱に代えて「白鳥」ではブリキのバケツを用意していた。玉箱では入り切らないという事情と、バケツを置くことでそれだけ玉が出るということをアピールする武本のアイデアだった。自動玉貸機の上に風船を入れた超特大バケツを置くという演出もした。あふれた玉皿から玉をかきだすのも忘れ、憑かれたように盤面を見つめている客、出てくる玉の多さにオロオロする客もいた。店全体が異様な熱気に包まれた。

「興奮したのは客だけではありませんでした。従来は台当りの一日の売上げは成績のいいAランクの店で五〇〇〇円でした。ところがフィーバー機導入で一台一万円から一万五〇〇〇円の売上げなんです。フィーバー機だけですと二万円は超えていたでしょう。これほどいくとは想像もしていませんでした」(前出・岡)

客がそこまで熱中するとは予想もしていなかったのである。「白鳥」の成功はまたたく間に全国のパチンコ店に伝わった。翌昭和五六年に入ると評判を聞きつけたパチンコ店経営者らの〝長岡詣で〟がはじまった。各地でフィーバー機を導入する店が相次ぎ、フィーバーブームが全国に巻き起った。

フィーバー機の登場は、しばしばパチンコ業界の救世主と呼ばれた。あるいは干天に慈雨、砂漠にオアシスとも表現された。実際にそういわれるほど昭和五〇年代前半の業界は低迷状態にあったのである。全国のパチンコ店、設置台数ともに昭和五一年をピークに漸減しはじめていた。五一年のパチンコ店は一万五七四店、設置台数一九八万九九一四台であったが、五三年には一万三〇二店、一九六万二四五二台に減少している。さらに、五五年には一万店を割っている。ジリ貧状態に業界の危機感は募る一方だった。

さらに将来への不安感をあおったのが喫茶店やゲーム場で流行したテーブルテレビゲームだった。ブロックくずしにはじまりインベーダーゲームの登場で一気に大ブームが起り、喫茶店でテーブル代わりに設置されたゲーム機に一日中熱中する若者が増えた。ファンは小中学生から、大学生や若手サラリーマンまで広がり、業界は若者たちのパチンコ離れを大いに危惧した。将来に見切りをつけ、ゲームセンターに転業するパチンコ店もあった。

「ここ数年のパチンコ業界の停滞、沈滞は明らかで昭和五一年度をピークに下降線を辿っている。オーナーをはじめ関係者の危機感はいまに始まったことではないが、とりわけ、インベーダーの加熱ぶりがその危機感に一層の拍車をかけている。事実全店を改装してゲームセンターとして新たにスタートしたオーナーも見受けられ、近い将来ゲームセンターへの転向を、との話題も少なくない」(「グリーンべると」昭和五四年四月号)

テーブルテレビゲームの中でインベーダーの普及台数は約一五万台を数えた。そのうち約五万台が喫茶店に導入されたという。また、昭和五四年四月一三日には日本初の「オールテーブルテレビゲームマシンショー」というイベントも開催されている。主催はセガ・エンタープライゼス、協賛団体には任天堂やナムコも入っていた。テレビゲーム業界が産声を上げ、隆盛を誇ったこの時期、パチンコ業界は低迷の真っただ中にあった。しかし、それから一年後のフィーバーに代表されるＩＣ基板を採用したパチンコの電子化を考えると、ゲーム全般の電子化という新しい流れがスタートした時期であったことがわかる。

フィーバーブームの功罪

長岡市の「白鳥」に端を発したフィーバーは全国に普及しはじめる。「白鳥」を見学した北海道のパチンコ店オーナーが自分の店の全台約四〇〇台をフィーバーに取り替えるという事態も起った。そして、五六年春には全国の店でフィーバーの導入が相次いだ。

メーカー他社も、競ってフィーバーと同様の機種の製造・販売をはじめた。五六年四月現在、東京、近畿地区のほか各地で許可を取った同型の機種は一七機種だった。平和、三洋、奥村遊機、マルホン、京楽産業、大一商会、瑞穂制作所、豊丸産業、ニューギン、西陣といった主要メーカーが勢ぞろいしている。これらのメーカーの機械は、中央の絵柄が三共と同じドラムではなく、デジタル表示であるという違いがあり、そのためデジパチとも呼ばれた。このデジパチは五六年四月からわずか三カ月間に三〇万から三五万台が出荷されたという。

かつてない数字である。IC用のチップが底をつき、各メーカーがIC用のチップをプレミアムつきで奪い合ったという噂が出たほどである。各メーカーにはいくら作っても間に合わないほどの注文が殺到した。フィーバー型機は完全な売り手市場に変化した。

東京・上野のパチンコ村には、神戸からトランクに札束をつめ込んで買いにくるパチンコ店経営者もいたという。製造が注文に追いつかない状況は業界の歴史でもそれほどあるものではない。過去を振り返えれば昭和二六年の正村式パチンコや豊国の機関銃式以来である。空前の好景気に業界は沸いた。ピーク時、三共は桐生、名古屋の工場を合わせて日産約一〇〇〇台、月産約三万台だったという。同社はじまって以来、最高の生産台数を記録した。また、それまで五万円台だったパチンコ機の価格もフィーバーブームで大幅に上昇した。フィーバー型機の価格は最終的には九万九〇〇〇円まで跳ね上がった。しかし、それでも飛ぶように売れたのである。

「ひっきりなしに機械を売ってくれとやってきましたね。生産能力がかぎられているからと説明しても『なんとかしてよ。長いつき合いじゃないの』と言ってくる。ずいぶんと追いかけられましたよ。自宅にも夜中まで電話がかかってくるんですが、出ないようにしていましたね。出ると『オッ、いた、いた』ってもんでね。とにかく断るのに大変苦労しました」(前出・岡)

好景気に恵まれたのは機械メーカーだけではなかった。フィーバーによって出玉数が増えたために玉が必要になった。玉は台当り一五〇〇個もあれば十分とされていたが、フィーバー機では三〇〇〇個から四〇〇〇個必要となったのである。そのため、玉製造メーカーも恩恵を受けた。補給機メーカーにもフィーバー機の出現は大きな福音となった。

パチンコ店の売上げも驚異的な伸びを示した。昭和五三年の台当りの売上げは約三〇〇〇円だった。それがフィーバー機の登場で二万円、場合によっては三万円になったのである。わずか三年で一〇倍以上売上げを伸ばしたことになる。一日八〇万円しかなかった売上げが、三〇〇万円から四〇〇万円になる店も続出した。わずか三カ月間でパチンコ店の業界総売上げが一挙に五〇〇〇億円も増えたという話もある。フィーバー全盛のころ、パチンコ店を取材した業界誌の記者はオーナーからこう言われた。

「いまここにお金がいっぱい落ちているんだよ。おまえさんだったら手で拾うか？　手で拾うより熊手で掻き集めたほうが早いし、うんと集められるだろう」

いまを逃してはいけない、稼ぐだけ稼ぐんだ——。フィーバー熱にあおられた経営者の姿がよくわかる話だ。また、この時期にパチンコ店をはじめたばかりの経営者はこう漏らしたという。

「最初はパチンコで食っていけるかどうか不安だったけど、ちょうどフィーバーがやってきてね。それでも、こんなブームになるとは思わなかった。博打場の親分になった気分だよ」

フィーバーに狂喜したのは一般大衆のパチンコファンたちでもあった。一日に一〇万円稼ぐ客の様子を、パチンコ店の店長がこう語っている。

「六月のことですが、朝の一〇時にやってきた男の客が、連続六台打ち止めにしたという記録があります。とてもプロには見えないような客でしたが、この男には話のつづきがあって、店員の話では、うちで六台打ち止めにした後、すぐ他の店に行き三台打ち止めにしたというんですよ。ということは、うちでは五〇〇〇発の六台分で三万発、他店の打ち止めは三五〇〇発ですから一万発として合計四万発。換金すると一〇万円ですよ」

また、名古屋市内の大学生が月に二〇〇万円稼いだという話もあった。五六年の六月上旬から半月間に二七回も打ち止めをしたというパチンコファンは、喜びよりも一種の不安に似た気持ちをこう語っている。

「なにか自分ばかりがえらくツイちゃって、負ける気がしない。給料よりもパチンコの稼ぎがいいので、このままパチ・プロになろうかな、なんてチラッと思ったりしましたよ。まるで価値観がおかしくなってしまいましたよ」（「週刊現代」昭和五六年八月六日号）

これほどの儲けとスリルを味わうことはそれまでのパチンコではありえなかった。

しかも、玉の発射が電動式になって、以前のように技術の差があまり関係なくなったことから、パチンコの経験の少ない人でも大当りのチャンスを得ることができた。ある商社では、課長以下八人全員がフィーバーに夢中になって、大当りした人は全員に食事をおごるという取り決めをしていたという。主婦や女性客の増大はフィーバーブームの功績のひとつであった。ある店の支配人はこんな光景もあったと話す。

「最近、顔をよく見るようになった奥さんグループの一人なんですが、平日の開店と同時にきて、午前中に一台打止め。台を替えて始めたところ、今度は二時間ぐらいで大当りになったんです。そこで大箱二箱を換えたのですが、一万二〇〇〇発はありました。ところがものの一〇分もしないうちに、その奥さんはまた入ってきて再びやり出した。夕方の五時ごろ三度目の打止め。もう帰るかと思ったら、また違う台でやり出したんです。六時ごろになって、家の方はだいじょうぶなのかと心配になったのですが、やはり家に電話をかけていましたよ。しかし聞くとはなしに耳に入った話を聞いて驚きましたよ。『とにかく出てしょうがないから助けて』とダンナを呼んでいるのです。その後五分ぐらいたって、実に四台目の大当りになり、駆けつけたダンナが玉のかき出し役になり、トータルでざっと六万四、五〇〇〇円は稼いで帰っていきましたよ」(「週刊現代」昭和五六年八月六日号)

フィーバー機はマイナスの現象も発生させた。そのひとつが〝パチンコ性ギックリ腰〟である。玉一個の重さは五グラム、五〇〇〇発だと二五キロにもなる。その玉を景品交換所まで持っていく途中で腰を痛め、店内に玉をバラまいてしまうということもたびたび起った。ギックリ腰よりも怖いのは狭心症だった。広島では大当りした客が興奮のあまり狭心症で倒れ、救急車で運ばれるという騒ぎが発生した。また、フィーバーがかかるたびに動悸がするので、薬を携帯して最悪の状態に備えながらパチンコに興じている老人もいたという。

「地方の話ですが、パチンコですった男が強盗を働くという事件がありました。この男は最初一万円すって家に戻り、また一万円持ちだして挑戦したところが、これもすってしまった。また家に戻って、またすっての繰り返しで三度目に戻ったらもう金がないというので、パチンコ代欲しさにアベックを襲って金を奪ったというんです」(業界関係者)

強盗の次は殺人である。群馬県桐生市で老人が何者かに殺害された。警察が捜査した結果、パチンコ狂いのためにサラ金地獄に陥った二人の主婦の犯行とわかった。儲かる人もいれば損をする人もいる。毎月四、五万円注ぎ込んでいるが、まだフィーバーを一回も経験したことのない人、あるいはサラ金に借金して首が回らなくなってしまった人、果ては家庭崩壊にまでなった人もいた。北海道の「十勝毎日新聞」に、中学一年生を頭に三人の子どもを持つ主婦からこんな手紙が寄せられたと「週刊現代」(昭和五六年八月六日号)が伝えた。

「工員の夫がパチンコに狂ってしまいました。給料の半分もくれません。パチンコに二万や三万つぎ込んでも、すぐに取り返してやるといって取り合ってくれません。結局返す当てもなくサラ金に手をつけてしまいました。このままでは家庭は崩壊してしまいます」

こうしたパチンコへの加熱ぶりを警察庁は見すごしはしなかった。犯罪がらみの社会現象を前に、フィーバーブームはしだいに世の中の指弾を浴びるようになっていった。

失われた昔日の娯楽

昭和五六年四月ごろ、ついに警察当局から指導が入った。警察庁に呼ばれた日工組の担当者は席上、警察庁の保安部防犯課の担当官からこう警告されたという。

「都道府県公安委員会で許可を取りつけた遊技機をそのまま営業に供するかぎりでは問題はない。しかし、各方面から寄せられる報告、情報では、該機を任意に調整したり、ＩＣ基板を替えたりして、パチンコ本来のゲーム性によらない不健全営業が目立つ折から、対応して欲しい。この機械で果たされる出玉の大量放出による著しい射幸性は極めて問題である。これによって派生しかねない社会的弊害で、三〇年間培ったパチンコ娯楽の健全性を問われないようにして欲しい」

フィーバー機に警察が重大な懸念を持っていることを業界の担当者たちは危機感を持って受け止めた。

「当初、警察庁からフィーバー機をこのまま放置していると撤去もありうるという話があったみたいです。せっかく力を入れて開発した機械を禁止されては困るということで早急な対策を打つ必要がありました」（前出・岡）

五月二八日、全遊協はフィーバー型機の設備台数を三〇パーセント以内に制限するとの自主規制を総会で決議した。つづいて六月一〇日、警察庁から全国県警本部担当所管に次のような通達が出た。

①アタッカーの開く回数は一〇回まで。
②裏で調整できないもの。
③始動入賞穴の貯留玉個数は四個まで。
④始動入賞穴は全入賞穴の三分の一以内で、始動入賞用の通過アタッカーは認めない。

そして、九月三〇日までにこの規定に合った機種に改造するよう迫ったのである。この通達の最大の目玉は、それまで開きっぱなしであったアタッカーを一〇回開きに制限したことであった。

九月三〇日を目標にメーカーとパチンコ店は機械の部品の取り替え作業に着手する。だが、完全に規制が守られたとはいえず、中には規制後も開きっぱなしの無制限状態がつづく機械もあった。

「急遽、店では部品を取り替える作業に入ったんですが、メーカーによっては不良品の部品もまじっていて取り替えても直らず、しばらくはノーパンク状態がつづいたところもありましたね」（パチンコ店支配人）

この当時、全遊協は事あるごとに違法営業をしないように呼びかけつづけた。いまだフィーバー熱が冷めやらぬ状態の中で、警察当局に対しては順法営業を誓い、組合員に対しては警告を発しつづけたのである。全遊協幹部の脳裏に焼きついていたのは、昭和二九年の連発式禁止令だった。あのとき味わった業界の苦境を二度と招いてはならないというのが彼らの思いであった。

当局の厳しい姿勢

昭和五七年三月、全遊協は組織内に健全営業推進委員会を発足させる。著しく射幸心をそそるフィーバー機への警鐘を鳴らしたわけだ。三月四日、全遊協の松波哲正理事長は都道府県遊協理事長あての文書でこう呼びかけている。

「せっかく努力して勝ち取った新要件超特電機ならびにその他の機械の営業のやり方、機械の使い方を誤り、著しく射幸心をそそる行為に走ると、結果的に機械そのものの禁止、改造に追い込むことは必至であり、そういうことになると業界の破滅につながるおそれがある。現在の機械を守り、末永く営業存続をはかるために、多少の足踏みがあったとしても業界人こぞって今までの営業方法に反省を加え、健全営業に努めねばならない」

ここにはフィーバーが禁止されるかもしれないという強い危機感がにじみ出ている。背後に警察当局から厳しい警告を受けていたことをうかがわせる。

全遊協だけでなく、メーカーの営業マンたちも機械の許可を得るために常に緊張を強いられていた。現在と違って、機械の許可は各都道府県の警察本部ごとに取らなければならなかった。三共の岡はもっとも苦労したのは千葉県警だったと語る。警視庁で許可を取った後、千葉県警に機械を持ち込んだ岡に担当官はいきなりこう切りだしたという。

「あんたたちが扱っている機械は賭博以外のなにものでもない。警視庁は理解を示しているらしいが、千葉県警は違うんだ。あんたたちの業界をつぶすのはわけがないんだ」

担当官は確率の変動自体が問題だ、と指摘した。確率が二三〇分の一なら、二三〇回ドラムが回転したら必ず大当りがくるという絶対確率にすべきだというのである。これには岡も驚いた。それでは機械のゲーム性やおもしろさはなくなる。また、メーカーが苦労して開発してきたことも訴え、理解を求めた。主張を譲らない岡に業を煮やした担当官はいきなりこう言い放ったという。

「キサマ！　賭博幇助で逮捕する！」

警察庁の本格的な規制は五九年一月三一日の通達で示された。三〇秒間の入賞玉一〇個、一〇回開きにせよ、というものである。この規制によって従来の出玉は大幅に減少することになった。しかし、これによる客離れはそれほどではなかった。

業界は機械に改良を加えるなどして度重なる規制を何とか乗り越えたのである。昭和五八年の全国のパチンコ店は一万一九四六店、設備台数は二五六万五八九五台。前年にくらべて店舗数で八九七店、台数で四五万一三〇九台という伸びを示した。以後、店舗数、台数は伸びつづけていくことになる。

ファンの中にフィーバーが定着した反面、パチンコゲームに対する見方が大きく変わったことはたしかだった。フィーバーブームを境に、景品の換金率は七〇パーセント程度から九〇パーセント以上に上昇したともいわれる。ファン意識の変化を示すなによりの証拠だろう。

また、フィーバー機の隆盛は釘師の仕事を半減させた。釘に代わって、ＩＣ基板が施された機械そのものの優位性が高まっていく。機械が遊技の内容を決定する時代に入ったと言っていいだろう。それはパチプロに象徴されるような個人の技術を排除する方向であり、パチンコがより偶然性の高い遊びへ変わっていくことでもあった。

業界誌「グリーンべると」が昭和五六年に全国のパチンコファンに対して実施したアンケート調査がある。この中でフィーバー機の是非を問うたところ、五五・二パーセントの人がフィーバー機を否定した。しかも、打ち止めの経験を持つ人の五〇パーセントが否定しているのは興味深い。

「オール7が出ないと出るまでやりたくなるので金がかかる」(会社員・三〇歳)

「オール7はバクチ、やっぱり昔の方がいい」(無職・七四歳)

「邪道である。メーカーもパチンコ店もパチンコの原点を思い出してほしい」(地方公務員)

「こんなバクチ場と化すような台はすぐやめるべき！　パチンコは元来もっとのどかなもの

である筈だ」（会社員）

こんな意見を述べたファンたちは、その後パチンコをつづけているのだろうか。業界関係者の間にはフィーバーの登場で従来のパチンコファンの一定層が逃げ、新たにギャンブル好きなファン層が増えたとする説もある。思いだされるのは、昭和二九年に連発式禁止を発令した警察庁が、それでもパチンコの全面禁止に踏み切らなかった理由である。

「敗戦という有史以来の大打撃を受け、経済的、精神的に暗澹たる無気力な状態にあるとき、ぱちんこ遊技が多くの人のリクリエーションとなり、娯楽となって、明日への意欲を奮い立たせたこともあったと思われる」（「ぱちんこ遊技に関する事務上の参考資料」より）

パチンコが持っていた明日への意欲を奮い立たせる娯楽性という役割は、フィーバーの熱狂によって失われつつあることは間違いなかった。

9　パチスロの登場

風営法認定機となるまでの苦難の道

遠く過ぎ去りゆく遊技業界の〝時〟の流れの中で
忘れてはならない歴史がある。
記憶にとどめておかなければならない出来事がある。
それは、日電協と、その組合員が歩んで来た一〇年余の苦難の歳月！
夜明け前の混沌とした薄暗がりの中
手探りで歩んで来た〝道程〟
遠くに輝く明星を頼りに明日の新しいレジャー産業の火が赤々と灯ることを夢みながら長き厳しき雌伏の時代を歩んできた歴史があったことを……。

パチスロメーカーの業界団体である日本電動式遊技機工業協同組合の『日電協10年史』の冒頭に載せられた「飛翔」と題する詩の一節である。ここに出てくる苦難、薄暗がり、雌伏などという言葉に象徴されるパチスロの歴史がどんなものであったのかを見ていこう。

日本電動式遊技機工業協同組合（日電協）は昭和五五（一九八〇）年一〇月に設立されているが、その以前から許可を得るための〝苦難〟ははじまっていた。

昭和四九年春――。東京・霞ヶ関に並ぶ中央省庁の建物をひとつひとつ確認するように歩いていた角野博光はある建物の前で立ち止まった。この日、同業の山脇正好と大阪から上京した角野は、多少の不安を抱きながらも、もう後には引けないという強い意志を胸に秘めていた。目の前の建物は通称「桜田門」と呼ばれている警視庁であった。二人が向かった先は警視庁防犯部。風俗営業取締法の認定機種としてスロットマシンの認可を求める最初の陳情だった。

現在パチスロメーカーのマックスアライド社社長の角野は、当時三一歳。二〇代で各種ゲーム機器の輸入販売商社を設立した。その後、米国のスロットマシンメーカーであるバリー社の輸入販売代理店を営んでいた。顧客はゲームセンターなどの専門店が大半である。スロットマシンは米国ではギャンブル機である。ギャンブル機としての使用を許されない日本では、おもに一般ゲーム市場が販売対象であった。それをなぜ、パチンコと同様の風営法認定機種として認可を求めるにいたったのか――。それはたんに市場拡大を狙うだけが目的ではなかった。

スロットマシンがゲーム市場に普及するにつれ、ギャンブルとして遊ばせる店も登場するようになった。昭和四〇年代に入るとゲーム賭博による換金行為が横行するようになる。刑法の賭博罪に該当するこれらの違法な営業に対し、警察当局は摘発に乗りだした。その結果、営業店だけではなくマシンを販売した会社も罪に問われるという事態が生じた。

「当時のスロットマシンの商社や販売会社は大阪に多く、社長はみな二〇代や三〇代でした。業界団体として通産省所管の大阪メダル事業協同組合を設立し、業界の発展に夢を持っていました。ところが、店での換金行為はどこまでいっても違法なんです。そのうち、警察の摘発によってつぎつぎと店がつぶされていきました。私たちにしても、このままではいけない、何とかしなければ業界そのものがなくなってしまうという危機感を持ちました」（前出・角野）

この危機を打破するにはどうすればよいのか。角野たちの結論はパチンコ機と同じ風営機としてスロットマシンを認定してもらうことだった。当時、風営機種の認定は都道府県の警察本部ごとに許可を取る必要があった。中でも、東京で許可が出れば他の道府県も許可が下りやすい。それで、まず最初に警視庁に的をしぼったのである。しかし、すんなりとは許可が下りない。最初の陳情に警視庁はけんもほろろの対応だった。地元大阪のパチンコ業者からも、「地球が三角になっても許可が下りるわけないやろ」と揶揄（やゆ）される始末だった。

警視庁が許可しない理由は明らかだった。スロットマシンは、昭和二九年に判断を下されていたのだ。警察庁の資料にはこう記されている。

「スロット・マシン機については、技倆介入の余地が乏しく、単なる機械自体の偶然性により賞品の得喪を争うことが主であるように思料される。従って、遊技場営業における設備機械としては適当でないものと考える」（「ぱちんこ遊技に関する事務上の参考資料」より）

遊技者本人の技術や腕前に関係なく、偶然によって勝負が決まり、賞品がもらえることは賭博罪に相当すると警視庁が判断したのは、パチンコの連発式禁止令のときであった。それから二〇年後、角野たちが持ち込んだスロットマシンもそれと同様に賭博罪に抵触するものとみなされたのである。許可を得るにはスロットマシンに技術の介入の余地を施さなければならない。許可を巡る戦いはこうしてはじまった。角野たちが大阪から警視庁に足を運ぶこと一〇〇回以上、正式に許可が下りたのは昭和五一年七月のことだった。陳情をはじめてから、実に二年余の歳月を要している。

「バリー社のスロットマシンをベースに、改造につぐ改造を加えました。警視庁に出す文章の字句の訂正や、技術的な改良の連続でした。そのために投じた費用ははかりしれない額です。技術的に困難な注文が出されるたびに、何度やめてしまおうと思ったかしれません。いま考えると本当に紆余曲折の日々でしたが、許可が下りた時は感無量でした。また、刎頸（ふんけい）の友である山脇正好氏の数学的技術をもって二人のロマンが達成されたのです」（前出・角野）

技術の介入を施すためにとったのが、現在も使われているリールの回転をストップさせる押しボタンの採用だった。遊技者はボタンを押してリールの流れを止める。従来のスロットマシンと異なる日本の新しい機種の誕生であった。角野は日本ではじめての風営法認定機種である三メダル五ライン方式のジェミニを市場に送りだした。それぞれの絵柄がそろえば当りのメダルの枚数が払いだされる。「7」がライン上に三つそろうと一五枚のメダルが払いだされた上にボーナスゲームがついた。

警察当局の許可は下りたものの、はじめての機械でもあり、導入に二の足を踏むパチンコ店も少なくなかった。「本当に認可が下りているのか」と疑ってかかる経営者が大半だった。機械価格は六五万円もした。パチンコ機一台が五、六万円の時代だから、かなりの高額な投資となる。

発売半年後、導入しようというパチンコ店経営者がようやく現れた。角野は川崎駅前の店から三〇台の注文を受けたのである。本場アメリカのスロットマシン導入という前評判もあり、開店当日は長蛇の列ができた。開店と同時にスロットマシンのコーナーに客が殺到し、あぶれた客は順番を待つという盛況ぶりで、スロットコーナーは超満員状態がつづいた。

「とにかくすごい人気でした。その店は台当りの一日の売上げが八〇〇〇円を超える優良店でしたが、スロットマシンの売上げは二万五〇〇〇円ぐらいいったんじゃないかと思います」（前出・角野）

スロットマシン成功のニュースは徐々に全国へ広がっていった。スロットマシンという新機種の魅力もさることながら、パチンコにくらべて射幸性が強いことが客を喜ばせた。スロットマシンメーカー他社も相次いで参入するようになっていった。

昭和五二、三年ごろはパチンコ不況と呼ばれた時代であった。経営不振に悩む店やパチンコ機商社の倒産が相次いだ時期である。インベーダーゲームの隆盛が不況に拍車をかけ、転業・廃業の店も続出した。そんな時期だったから〝新奇〟なスロットマシンが受け入れられもしたのであろう。

スロットマシン業界存続の危機

順調なスタートを切ったかに見えたスロットマシンに、しばらくして〝異変〟が発生した。スロットマシンに客が慣れるにつれ、目押し、つまり狙い撃ちされるようになったのである。パチプロならぬスロットマシンのプロの登場ということになるのだが事態はそんなに生易しいものではなかった。

「最初は驚きました。店によっては開店わずか一五分ぐらいで当りが連続し、これでは商売にならないという電話もかかってくる。スロットに慣れた客が絵柄をピタリと当てるというのです。なぜそんなことができるのか、どうしたらそれを防止できるのか、悩みながら研究を重ねる毎日でした」

どうして目押しが可能なのか、角野は大阪大学の基礎工学部に調査を依頼した。そして、調査の結果を見て、角野はふたたびショックを受けた。あらゆる世代を対象に目押しの実験を実施したところ、二〇歳ぐらいの若者は動体視力がもっともよく働き、現行のスロットマシンでは目押しが一〇〇パーセント可能という結果が出たのである。

角野たちは新しい困難に直面することになり、同業他社にも深刻な打撃をあたえた。昭和五二年、業界でもっとも早くコンピュータ制御のスロットマシンを開発した高砂電気産業社長の濱野準一も同様の辛酸をなめたひとりである。

「スロットマシンの欠点であり長所であるのがストップボタンです。リールはあくまでも技術介入によって止めるというのが原則でした。当時の機械は習熟すればだれでも狙えたのです。狙われないためにはどうするか、それが技術上最大の課題でした」

狙うのがむずかしい新しい機種を出したが、しばらくするとふたたび狙い撃ちされる。さらに防止策を講じる。イタチゴッコが繰り返された。そのたびにメーカーは多額の開発・研究投資を余儀なくされた。メーカー対ファンの主戦場であるスロットコーナーはしだいに白熱化していく。当時を知るパチンコ業界関係者はスロットの加熱ぶりをこう語る。

「昭和五四年春ごろの広島の店に入ったんですが、とにかく異様な熱気でした。客同士が機械の奪い合いをするんです。怒号も飛び交う。トラブルを避けるため、スロットマシン四、五台につき店員二人を配置していました。殺気だった雰囲気でおいそれと近寄れませんでした」

ファンに攻略されるたびに改良を加えるメーカーは、改良のたびに警察当局の許可を得なければならない。中には許可の範囲から逸脱した違法な機械も出回るようになった。こうした機械は逆にプレミアムがつき、一台八〇万円から一〇〇万円で販売されたりした。遊技機に求められた「一定の技術の介入」という規準がしだいに色褪せていくのは時間の問題であった。

違法営業はしばしば警察の摘発を受け、社会的にも問題視された。冒頭に引いた詩に出てくる「薄暗がり」という言葉は、当時のスロットコーナーのイメージそのものであった。

こうした状況をパチンコ業界はどういう目で見ていたのだろうか。

昭和五五年三月には全遊協関東連の緊急理事会が開催された。加熱気味のスロット系遊技機の遊技場での併設問題が動議され、関東連としては当分併設しないという趣旨の決議をしている。理由は、現行のパチンコ機を軸に緩やかな繁栄を永続させることが平均的ホールの本道であるということだった。

「スロット機を永久に併設しないというものでなく、近い将来、不況打開の手段として在来の遊技機や遊技方法の基準等の見直しを行う作業の中でいわば総合施策の中で、どのように位置づけるかを決意すべきであって、それまでの間、当分控える」

こうした決議の背景には、併設店が関東地区ではまだ少なかったことがある。五五年七月の都内の併設店は二一店、パチスロ専門店と合わせても三〇店に過ぎなかった。台数も一三〇〇台だった。ただし、スロットマシンの加熱現象は許認可の体制に問題があったとの指摘もある。業界関係者のひとりはこう語る。

「都道府県単位の機械の認可は実にアンバランスだった。県警の窓口は防犯・少年課です。そこの人たちがコンピュータの仕様書や回路図やチャートを見るわけです。中には技術に強い人がいて、厳しくチェックする県警もあれば、自分で打ってメダルがチョロチョロ出てくるのを見て『これならいいんじゃないか』とすぐに許可をだすところもあるわけです。だから基準が各県警バラバラになってしまう。その結果、メーカーや商社も商売ですから基準の甘い地域につぎつぎと射幸性の高い新機種を持ち込むようになる。許可基準のバラつきがスロットの加熱を生んだひとつの要因であることは否めないですね」

不正機の横行に対して、警察庁は伝家の宝刀をついに抜いた。昭和五五年七月一〇日、スロットマシンに対する規制を全国の警察本部に通達したのである。直接のキッカケはスロットマシンのメダルの出る確率、つまり割数を営業中に調整するという悪質な事犯が九州で発覚したことによる。

スロットマシンへの厳しい規制

通達の内容は、リール回転は毎分八〇回転以下、ストップボタンを即止め、機械の調整はいっさいご法度という厳しいものだった。回転が緩やかになるうえにストップボタンを押すと即止まるようにするというのは一〇〇パーセント狙い撃ちされるということだ。そんな機械を店が置きたがるはずもない。通達は事実上スロットマシン撤退令に等しい内容である。スロットマシン業界は事ここにいたって窮地に追い込まれることになった。

警察当局のこの措置はパチンコ業界にも波紋を呼んだ。七月二二日に開催された全遊協の理事会ではスロットマシンの導入に関する件が大きな議題となった。また、七月二八日に開催された東京都遊技業協同組合（都遊協）の理事会でも、スロットマシンの導入については慎重に対処して欲しいとの発言が執行部から出た。これに対して、理事会ではこんな反発や疑問がだされた。

「既存の某大手メーカーでも機械枠に入るこの種のものを製作し、八月中旬には発売すると言っている。都遊協の強い指導は行きすぎではないか」

「われわれの地区では専門店三、併設店一の店がある。売上げも多く、周囲の業者は刺激されている。都遊協で何か対策はないものか」

しだいにスロットマシンが浸透しはじめたパチンコ店側の混乱ぶりを示している。さらに、スロットマシンについて大きな議論が業界で巻き起った。雑誌「グリーンべると」主催の座談会で、パチンコメーカー幹部はスロットマシン業界をこう批判した。

「スロットが風営法の中に入ってきたときにまずその入口で問題があったと思うんです。パチンコの機械を作っている側から見ると、（スロットマシン）業者は風営法というものについて知らなさすぎた。……もっと勉強して入るべきだったのに、機械だけ売ればよい、一時的に儲けて金だけもってとんずらしようという考え方がわれわれからもありありと見えるわけですよ。全部前金を集めたりしてね。ま、その辺にパチンコ業者が乗っちゃっているんですよ。ということは反面、パチンコがマンネリ化されているからホール側も飛びつきやすい面があるんです。その上、割数を調整する機械を別につけたり、お客が遊んでいるのに閉めた開けたという言語道断のペナルティを犯しているんです。そういうことをもっと勉強して入ってきてもらえば当局だって、それなりの理解をしめしてくれたはずですよ」

実に手厳しい批判である。同じ座談会に出席していたスロットマシンメーカーの関係者は、自戒しつつこう語った。

「私どもも決して好ましい状態だと思って入ってきたわけではありません。またこれは店の方へのお願いですが、店がやはり門戸を閉めて構えられると、まあわれわれとしては地道に営業したいと思っても、一攫千金組のグループがやってくると、おかしな逃げ道で節度のない営業をやり、それがお互い泥試合を演じてやっていくということが非常に懸念されるのです。現行の規則はその形の一つの規制、ブレーキと感じております。私どもはせめてもう少し機械の回転を速くさせていただけないかということだけを切望してやみません」

もちろん、違法な営業を招くにいたったのは、スロットマシン業界の一部の業者に原因があった。しかし、そのツケを規制という形で業界全体が負わなければならないことへの苦渋の色が発言にみえる。濱野は当時をこう振り返る。

「こうなると私どもはいったいどういう機械を作ればいいのかわからない状態でした。何を基準に作るべきか自問自答の毎日でした。そして結局、事態の解決を探るには警察庁にご指導を仰ぐほかはないという結論になりました」

角野もこう語っている。

「各県警の防犯担当の手を煩わせることなく、業界の総意として指導をお願いしよう。そのためには業界がひとつにまとまることが必要ということになりました。そのために組合を結成することになりました」

警察出身者と一体となった業界の改革

こうした背景があって日電協は昭和五五年一〇月に設立されたのである。組合員数は一〇社。初代理事長には濱野が就任した。就任後、濱野はさっそく警察庁にあいさつに出向いた。以後、毎日のように機械規制の緩和を警察に陳情して回る多忙な日々を送ったという。濱野たちは業界への理解を求めるべくあらゆる警察関係者に支援を頼んで歩いた。その結果、組合は濱野に代わる新しい理事長を警察畑から迎え入れることになった。

吉武辰雄。警察官僚出身でミスター警視庁と呼ばれた男である。吉武は同じ警察ＯＢの柿内正憲を誘い、一二月五日の臨時総会で吉武は日電協の理事長、柿内は専務理事に就任した。日電協は組織として強力な布陣を築いた。しかし、警察畑出身の二人が日電協の最重要ポストに就任するまでには紆余曲折があった。後に三代目理事長に就任した柿内は日電協入りのいきさつをこう語っている。

「昭和五五年七月中旬、先輩吉武辰雄氏から電話で夕食に呼び出され、旧友四、五名と共に例の通り食事をして別れたが、帰り際、吉武氏が私を呼び止めて『君を見込んでのお願いだが、もう一回勤めて私を助けてくれないか』との申し出があった。しかし、私はすでに五〇年近くの宮仕えなどからやっと解放されてホッとしたばかりのところであったので、その気もないことを告げて別れました。その後一〇日ばかりして再び吉武氏の申し入れで、彼の会社・双栄海運の社長室で数時間にわたり、回胴式遊技機（スロットマシン）業界の協同組合設立の動きと、これへの関与方の申し入れが具体的に示されたのです」（『日電協10年史』）

吉武自身はかなり早い段階から組合への協力を決めていたようである。その吉武が柿内に協力を求めて熱心に説得したのである。だが、柿内は「いまさら風俗業界で苦労を重ねる気持ちにはなれず」と断った。それなら当事者の話を聞いてもらいたいと吉武は柿内に頼んだ。後日、柿内は吉武とともに業界の関係者と会った。その席で関係者は柿内にこう訴えた。

「(今日の)一番の問題点は長い間の機械開発のための試行錯誤や、失敗を繰り返したため経済的に行き詰まり出鱈目や、ごまかしで何とか打開しようとしてきた傾向を認めないわけにはいかない。自業自得、身から出た錆とはいえ、業界に対する当局の信用はさらになく、この段階に至っても必ず悪いことをするものと決められたような格好になっている……今までの非行を悔い改め、真面目な業界に立ち直りたいと思って努力しても取りつくしまもないのが現状です。……私共の悪いところは何でも改めますので、組合の中から身内の立場で指導してください」(『日電協10年史』)

スロットマシン業界の背水の陣といった様子をうかがい知ることができる。さすがの柿内も「何とか応えざるをえないような気がした」のだった。業界のメンバーが帰った後、吉武は柿内にこう語ったという。

「成功の確率は低いが、もし成功すれば業界もさることながら、日本警察はもちろん、国内法律という立場から国民全体に与える効果は大きいが、一方可能性の強い失敗の場合は、信用のないに等しい業界を引き連れての苦労と、我々の泥かぶりという不名誉は、はなはだしいものであろう。さらに、当局に多大の迷惑をかけることになるかもしれない。物事には時期というものがあり、鉄は熱いうちに打たなければならない」(『日電協10年史』)

そう言って吉武は柿内の尻を叩いた。柿内は立ち上がって思わず吉武の手を握ったという。

こうして日電協は吉武、柿内の陣頭指揮の下で失地回復のスタートを切った。

○・二秒の壁

吉武、柿内の二人にとって当面の相手は古巣の警察当局であった。意欲に燃えた二人であったが、さっそく彼らの出鼻はくじかれることになる。この時点で警察当局はスロットマシンの自然消滅を考えていたのである。担当の警察庁保安課長は二人にこう言った。

「あの機械は電子部品の記憶装置で動きを調整しており、だいたい風営法上の遊技機としてなじまない。法や府県条例の不備をつかれて許可されたものであるが、いまの段階では今後新たな許可はださず、現在の許可されたもので時の経過にしたがい自然消滅を考えている」

さらに追い討ちをかけるように保安課長は、

「先輩方が二人もそろって業界入りをされることは担当者としては困る。なんとか中止してもらえないか」

と、告げたという。警察当局がいかに厳しい態度であったかがわかる。しかし、吉武と柿内はひるむことなく初志貫徹を目ざした。いまにして思えば、スロットマシン業界の再起にかける情熱と二人の努力がなければ、スロットマシンは現存していない可能性もあったのである。

当時の吉武の仕事ぶりを濱野はこう語っている。

「日電協では私は補佐的な仕事をやらせてもらいました。組合員の中で不正を働いた者が出ると呼びつけて吉武さんが怒鳴りつけていましたよ。相手はそれで縮み上がったもんです。私も『君みたいなのは除名だ。組合から出ていけ』とよく叱られたものです。当時は本当に厳しいものでした。吉武さんは組合の一番大事な基礎を築いた人です。昭和六〇年の新風営法改正に向けた作業はあの方がいなければできない仕事でした。それに次ぐ規則改正、機械の検定制度の整備と風俗適正化法の制定に業界の意向を反映させるなどすべてに力を注いでくれました」

日電協の組合員にとって最大の難関は、いかに目押しを防止するかだった。一定の基準を設定して欲しいと、業界から警察当局に陳情が繰り広げられた。その結果、当局から次のような基準が示された。

「回胴の回転は、回転停止装置を作動させるための停止ボタンを操作した後、一九〇ミリセック以内に停止するものであること」

ストップボタンを押してからリールは一〇〇〇分の一九〇（約〇・二）秒以内に停止しなければならないというのである。この範囲内でいかに狙い撃ちされない機械を開発するかが課題となった。業界が長年苦しんできたこの問題について濱野が語る。

「車の制動距離と同じ考え方なんです。ブレーキをかけてもすぐに止まるわけではありません。スピードによって何メートルか走ってやっと止まる。これが制動距離です。スロットマシンの場合、リールは一分間に七〇から七五回と一定の回転をします。そして、実際にボタンを押すと、どれくらいたってリールが止まるかはだいたい予測できる。つまり、習熟すればほとんどの人が当てられるわけです。そこで新しい基準の範囲内で電子制御によっていかに予測できない止まり方をさせるかが最大のポイントでした」

こうして基準にしたがった機械の開発に各社がしのぎを削るようになる。後にリールの回転を任意に減速させるステッピングモーターと呼ばれる機器の開発によってさらに技術的な向上を遂げることになる。

機種も当初の形から各メーカーの研究開発によって徐々に変化を遂げていった。昭和五五年一〇月には現在の原型と同じ小型の機械も登場した。これをパチンコ型スロットマシンと言い、通称パチスロと呼ぶようになった。小型化によって機械の普及が進んだ。

昭和五六年末の全国のパチスロ台数は警察庁の公式発表によれば二万四〇〇〇台。翌五七年には七万四〇〇〇台を超えている。さらに五八年には九万七〇〇〇台、五九年には一四万四五〇〇台と、パチスロ機は飛躍的に普及していった。パチスロ機の普及台数が増えた理由には、パチスロというゲームの魅力もあるが、パチンコ機のフィーバーブームの影響もあっただろう。ブームによって、昭和五七年から五八年の二年間でパチンコ店は実に三〇〇〇店も増え、パチスロ機導入に拍車をかけた。

警察当局の度重なるフィーバー規制でパチスロに流れていった客も多かった。昭和五六年から五九年にかけてはフィーバーとパチスロが相交えて隆盛を誇った時代だったということができる。

ところで、このフィーバー機とパチスロは同根異種なのである。前述のように三共のフィーバーの前身はブレンド赤坂という機種であった。スロットマシンからヒントを得たもので、玉が入賞すると三つのドラムが回転し、客がストップボタンを押して絵柄がそろうと大当りとなる仕掛けである。しかし、スロットマシン同様、こちらも客に目押しされるようになる。そして結局、三共は押しボタン式のパチンコから手を引くことになる。

代わって生まれたのがＩＣ使用の超特電機フィーバーだった。考えてみれば皮肉である。目押しがパチスロの最大の悩みとなり、それを避けようとすれば技術の介入がないとして当局に指弾される。パチンコは確率方式のフィーバーの登場で目押しされる心配はなくなったものの、以前ほど技術の介入はなくなった。ＩＣ使用のパチンコ機は釘一本、いや釘の存在が技術の介入があることの証明にしかすぎなくなってしまった。ＩＣ使用機のフィーバーとパチスロの登場は、それまでの賭博と健全娯楽としての遊技の境界線であった「技術の介入」という要件を曖昧化させていくことになったのである。

風俗営業取締法が改正され、昭和五九年八月一三日、「風俗営業等の規制及び業務の適正化等に関する法律」が新たに公布された。

日電協の吉武理事長以下幹部はこの法律にパチスロが明確に位置づけられることを願って奔走してきた。パチスロは機械の製造上の基準はもとより、法律や県条例上の明確な規定を持たなかったため、当時パチンコ業界からは「妾の子ども」と揶揄される存在であった。法体系の整備と型式基準などの明確化を求めて陳情の連続であったと柿内は後に語っている。その努力が実って、新風営法ではパチスロはしっかりと位置づけられ、名実ともに「嫡子」の地位を手に入れたのである。

「一回当りの枚数はどうなるのか。メダルの単価、遊技性はどうなるのか、法律改正にともなう争点を巡って毎日がその作業にかかりっきりでした。いままで曖昧であったものがちゃんと位置づけられるとともに、パチンコと同じ七号営業に加えられたのです。スロットもちゃんと認知されたんだと思うと感無量でしたね」

角野は当時を振り返って、そう言った。

翌昭和六〇年二月一三日、新風営法が施行された。この法律の制定を目指して尽力してきた吉武理事長は病に倒れ、五カ月後の七月一七日に不帰の人となった。

それから一一年後の平成八（一九九六）年八月二日、業界人から長く慕われた柿内も世を去った。

10　風営法改正

フィーバー規制

昭和五五（一九八〇）年から五九年にかけての五年間、パチンコ業界はかつての連発式ブームをしのぐほどの大好況に沸いた。しかし、日本経済は第二次オイルショックによって景気が減速し、低成長下にあった。バブル景気が萌芽（ほうが）を見せはじめるのは、昭和六一年末である。

パチンコブームがはじまる直前の五五年一〇月末、全国のパチンコ店は約九六〇〇店、台数は一八八万台だった。ところが、五八年一〇月末には約一万二〇〇〇店、二五七万台に急増した。店数にして二四パーセント、台数にして約三七パーセントの増加である。パチンコ店の売上げはこの三年で三倍になり、市場規模も約六兆五〇〇〇億円に膨れ上がった。競輪、競馬などの公営ギャンブルの市場規模を凌駕したといわれた。

ブームの火つけ役となったのはもちろんフィーバー機であった。しかし、フィーバー機がすべてブームを支えたわけではない。五四年ごろから業界に登場したスロットマシンもそれに拍車をかけたのだった。そして、いまひとつ忘れてはならないのが、羽根物（はねもの）と呼ばれるヒコーキタイプの役物の登場だった。

羽根物第一号が姿を見せたのは昭和五六年である。太平洋戦争中に活躍した名機・零戦（ゼロセン）をモデルにした平和のゼロタイガーであった。前年に登場したフィーバー機が当局の指導を受け、業界が自主規制を実施したときとこれは重なる。フィーバーの魅力が多少薄れた時期だけに、ゼロタイガーは客の注目を浴びたのである。

一回入賞口に入ると出玉は一三個。盤面の下部に入賞口が三つ並び、両サイドの入賞口に入ると中央の零戦の羽根が一回開閉し、真ん中の入賞口に入ると二回開閉する。羽根が開き、運よく役物内に進入した玉がVゾーンに入ると大当りとなる。大当りは最大で八回継続する。

羽根が開閉するたびに、玉がうまく役物内に入るよう客は固唾を飲んで盤面を見守る。玉が進入すると、さらに「Vゾーンに入れ」と客たちは心の中で切望する。フィーバー機が派手で大味なパチンコの醍醐味を象徴する機械なら、ゼロタイガーは繊細さを備えた微妙なスリルとゲーム性に富んだ機械であった。

このゼロタイガーの開発を担当したのが平和の川岸正二郎である。きっかけはプラモデルの飛行機だったという。開発の経緯を川岸はこう語っている。

「オモチャ屋さんのプラモデルを見て何かできないかと思ったのが最初でした。プラモデルを買ってきて改造する。そのまま使えるわけじゃないんで、同じプラモデルを一〇個とか二〇個買ってきまして、この辺から切ってはどうか、あの辺から切ったらどうかということをやりました。あの形状になるまで、作っては壊しというのが十数個。それをひとつのものに作りあげたのが昭和五五年の夏から秋ごろじゃないかと思います」

ゼロタイガーの登場以降、フィーバーとともに羽根物ブームが起った。翌五七年には三共のキングスター、五八年には三洋のグラマン、平和のラドン、西陣の荒鷲13といった機種がつぎつぎと生まれていく。昭和六〇年に西陣のレッドライオンが登場するにいたり、羽根物全盛時代を迎えることになる。六〇年代のパチンコ機の中核を占める羽根物がこの時期に登場したことを考えれば、五五年以降は機械開発の揺籃期と呼んでもいいだろう。

パチンコ業界の〝バブル景気〟がさまざまな社会現象をもたらしたのは周知の通りである。たんなる遊びの範囲を越えてパチンコにのめり込む人々が引き起こす問題がマスコミでも騒がれた。パチンコで金を失った男が強盗を働いた、パチンコにのめり込んだ夫がサラ金に走って家庭崩壊にいたったというような話が新聞、雑誌に載るようになった。

当然ながら警察当局が事態を黙過することはなかった。フィーバー機が出た当初の五六年六月には業界と協議し、全遊協はフィーバー機の店内設置台数は三〇パーセント以内とする方針を打ちだした。つづいて警察当局はワイドアタッカー開放の継続回数を一〇回にすると決めた。だが、警察の規制に従わない不正機は依然として横行した。

五八年二月、千葉県警察本部が県内のフィーバー機のワイドアタッカーに一〇個玉が入ったら閉じるというテンカウント規制をついに実施した。しかし、警察庁は同年二月二五日に全国の警察本部へ向けて不正機の取締り強化の通達をだした。しかし、バブルに浸っている人間は、心の片隅ではバブルなどいつまでもつづきはしないとは思いつつ、目の前にある儲けから手を引けないのが人情である。業界の一部には、あの手この手を使ってフィーバー人気を維持しようとする者も少なくなかった。彼らはそのたびに警察に摘発されるという憂き目にあった。

当時、読売新聞社が全支局を動員して不正機の実態を調査した。「週刊読売」(昭和五九年七月一五日号)は〝流行〟した不正のいくつかを紹介している。

「神戸市では、三業者が客離れを防ぐために〝バカ台〟と呼ばれる別の台を用意して、フィーバー機は使えないが、気分はすっかりフィーバーしたお客さんを喜ばせていた。この〝バカ台〟、文字通り、誰が打ってもざっと一〇分もあれば二〇〇〇～三〇〇〇個の玉がチンジャラ、ホイホイと出るように、あらかじめクギを調整したスペシャル台で六～一〇台を用意していた。お客の方も、フィーバーの改造機で玉を出し終わるや、『お見事でした』と『バカ台開放券』を手渡す。お客の方も、『やあやあ、ま、それじゃあやってみるか』とバカ台にまたチャレンジするという仕組み。これで、合計四〇〇〇発ほどが手に入ることになり、換金すれば、八〇〇〇円から九〇〇〇円にもなるというもの。一気に四〇〇〇発にもっていけるフィーバーより快感度は落ちるが、実際にはそれに代わる手だった」

横行する不正機種

このパチンコ店は他の業者が警察に訴えたために摘発された。こうしたバカ台は神戸だけでなく千葉県や埼玉県、静岡県、滋賀県、富山県、大分県にも登場し、警察に摘発されている。また、大阪市内や富山市内ではフィバー機の釘を曲げて風車が回わらないように固定し、中央の穴に玉が集中するように細工する店や、ＩＣ回路に手を加えてフィーバーしやすいように改造する店もあった。朝オープンしたら一〇分間は始動入賞口に玉が入っていないのにリールが回っているという店や先着一〇名に遊技料金五〇〇〇円札一枚をプレゼントするというとんでもない店も現れた。

エスカレートする不正の横行に、パチンコ店とのイタチゴッコをいつまでも警察が繰り返しているわけにはいかなかった。各県警単位での取締りでは収まらず、警察庁がついに大鉈を振るう事態を招いたのである。

昭和五九年一月三一日、警察庁は各都道府県警察本部に対し、新たなパチンコ機規制の通達をだした。大要次のような内容であった。

①五九年四月一日以降のフィーバー型機の新機種は、開放したワイドアタッカーに入賞した玉数が一〇個となった場合は開放時間の制限にかかわらず、ただちに閉じるテンカウントつき装置にする。

②すでに設置してあるフィーバー機については五九年五月三一日までにワイドアタッカーの開放時間を一五秒に短縮するように改造する。

③すでに設置してあるフィーバー機については六〇年三月三一日までにテンカウントつきのものに入れ替える。

つまり、新規の機種は五九年四月一日からテンカウントつきでなくてはならない。既存の機種については開放時間の短縮の条件つきで一年間の営業を認め、最終的には六〇年四月一日以降、すべてのフィーバー機をテンカウントつきの機種にするというのである。

警察庁のこの措置はフィーバーブームの事実上の終結宣言だった。パチンコ業界は結束して改造・変造機の防止に取り組む必要に迫られた。規制の徹底をはかるために、警察庁は自ら業界団体に足を運んで規制の遵守を訴えている。

五九年二月九日午後、東京・市ヶ谷の遊技会館大会議室で全遊協の緊急理事会が開催された。この席に警察庁古山防犯課長の代理として三島課長補佐がきていた。全遊協の理事ら五六名、府県の役員ら三〇名の参加者を前に三島課長補佐は約四〇分にわたって警察庁が規制を決断するにいたった理由を説明している。

三島課長補佐は「フィーバータイプ機存続の最後のチャンスであり、今回の特別措置をなんとか切り抜けたらうまくいくのではないかという甘い考えは捨てるように」と釘を刺したうえで、次のように述べた。

「私どもの方でお願いしたいのは、前提があっての措置ということを忘れないでほしいのです。これまで二回の措置があり、今回は三回目の措置です。仏の顔も三度といいます。三回目の基準遵守の措置です。一年間様子をみようという過渡期の施策ということです。既得権の問題などもあり、一気にやらないような方法をとったのです。

今年に入ってパチンコ店関係の殺人事件が二件、ケンカは数え切れないほど起こっています。一攫千金の夢破れた、悲惨ななれの果てが殺しになったというものです。熱中しすぎてサラ金に手を出し、家や田畑を抵当に入れた、というのが雪の多い草深い地方などであります。ところがサラリーマンの住む地域住宅街では話がもっと早いのです。住宅ローンで家を買って、そのご主人が余暇をほそぼそとパチンコをやって、なんとか三回に一回出てくれたらいいのに、と通っているうちに、ジリ貧で金がなくなってしまった、生活の破綻を来したという例があちこちであり、投書などとなっているのです」(「グリーンべると」昭和五九年三月号)

既存のフィーバー機を一年猶予するというアメを強調し、警察は業界の努力を促している。

ところが、「仏の顔も三度」ではすまなかった。四度目の〝措置〟がわずか二カ月もたたないうちにとられることになる。

警察が落としたもうひとつの爆弾

昭和五九年三月二九日、全遊協の緊急理事会が開催された。その場にふたたび姿を見せた警察庁の三島課長補佐は、今度はパチンコ業界全体の規制を強化する風営法の改正という〝爆弾〟を投げたのである。理事のだれもがこのときばかりは警察庁を仏というより鬼と思ったろう。風営法の改正の話は全遊協に唐突にもたらされたと全遊協関係者は語っている。

「とにかく突然でした。二月の末のある日、警察庁から電話がかかってきたんです。『風営法改正案の原案ができたから、業界の意見を聞きたい』と、ただそれだけでした。警察庁のほうで密かに改正に着手していたことはだれも知らなかったのです。それから後は大騒ぎでした」

警察庁の投げた爆弾は、寝耳に水の業界を震撼させるに十分だった。一カ月前のフィーバー規制のときとは違い、出席した理事たちの顔はいずれも興奮気味であった。「グリーンべると」(昭和五九年四月号)に掲載された記事から理事会の模様を追ってみよう。冒頭、あいさつに立った全遊協の松波理事長はまずこう述べた。

「今日の中心議題は、風営法改正問題と超特電機改造計画が中心です。とくに風営法改正問題については、条例から法律に引き上げられるようなことになれば将来において不安があります。この件については後ほど警察庁の三島課長補佐より説明があります」

警察庁の担当者がきていることを聞き、すぐさま場内がどよめいた。席上、滋賀、茨城の理事から執行部への非難が相次いだ。

「当局側は説明をすることで大きな布石を打っている。それ以前に全遊協で論議を尽くし、見解を持つべきではなかったか。説明というが全国の理事の前で言うことは、すなわち申し渡しではないか」

松波理事長は苦しい答弁を強いられた。

「法案の入手が困難で、資料入手は最近のことだ。今日の説明も辞退したのだが、当局の強い要望により……。全遊協の疑念については聞く用意がある、とのことだったので今日の説明会となった」

松波理事長の「法案の入手が困難であった」という答弁は興味深い。全遊協の役員に警察OBを抱えながら、風営法改正の動きを事前に知ることができなかったのである。警察庁がいかに隠密裏に風営法改正の準備を進めていたかということである。二カ月ほど前の緊急理事会に出席した三島課長補佐は、風営法改正のことなどおくびにもだしていない。ただ、フィーバー機規制の一年猶予というアメを掲げ、仏を気取っていたにすぎなかった。

警察が風営法改正発表のタイミングをずらした真意とは何か。フィーバー規制と風営法改正は別問題であることを印象づけたかったのだろうか。それとも、風営法改正という大改革を成し遂げるために、事前にフィーバー規制を徹底しておく必要があったということなのだろうか。

いずれにしても、警察庁が法案の国会提出ギリギリの段階で業界に発表したのはたしかである。待ったなしの状況に追い込まれた全遊協は、残されたわずかの期間に懸命の陳情活動を展開するしかなかった。

警察庁が発表した改正案の最大のポイントは、各都道府県の風営法施行条例を法律に格上げするという点にあった。それまでの風営法にはわずか八条の条文しかない。パチンコに関しても第一条七項に「射幸心をそそるおそれのある遊技をさせる営業」と規定してあるだけである。具体的な営業規制や制限規定は第三条にこう書かれてあるだけだった。

「都道府県は、条例により、風俗営業を営もうとする者の資格並びに風俗営業における営業の場所、営業時間、営業を営む者の行為および営業所の構造設備について、善良の風俗を害する行為を防止するために必要な制限を定めることができる」

営業場所や時間、行為などの規定は各都道府県によって多少の違いはありながらも条例に詳細に記されていた。警察庁はそれらの規定を全国一律の法律という形で統一化しようというのである。それだけではない、改正案にはパチンコ営業に関係する新たな条項も盛り込まれていた。

①各都道府県別に実施していたパチンコ遊技機の型式の認定を全国的に統一された中央の機関で実施する。

②パチンコ店の業務に関し、報告もしくは資料の提出を求め、または警察職員にその営業所に立ち入り、帳簿、書類、その他の物件を検査させたり、関係者への質問をさせることができる。

③パチンコ店内に管理者を設置し、経営者は管理者の行う業務の助言を尊重し、またはその業務として行う指導にしたがわなくてはならない。また、公安委員会はその状況により管理者として不適当であると認めたときは、パチンコ店経営者に対し、管理者の解任

を命ずることができる。

④風俗営業の自主的な適正化を促進するため、また風俗営業者に対する情報提供、指導等を行うために民間の公益法人である風俗環境浄化協会を設置する。

そのほかに機械の規制など、細かいとり決め事項はいくつかあるが、業界の根本問題にかかわる点は以上の四つだった。

換金問題の行方に関する懸念

全遊協は松波理事長を委員長とする風営法対策特別委員会を設置する。そして関係各方面への陳情を繰り広げたのであった。法律へ格上げされることによって生じる問題の核心は、換金問題がどうなるかであった。これまでの条例では、「現金または有価証券を賞品として提供すること、客に提供した賞品を買い取ること、または買い取らせること」を禁止しているところが多い。それが、条例の法律化で、いったいどういうことになるのかという不安が業界にはあった。

「換金所などを使ったシステムはそれぞれ各都道府県の警察との関係で三〇年以上もつづいた暗黙の了解事項です。まあ、それなりに業界が地元の警察といっしょにやってきたわけですが、それが、法律となり中央の警察庁に委ねられることになるわけですから、一種の危機感をだれしも持ちましたね」（元全遊協関係者）

条例の法律化に反対することは法案そのものを全面的に否定することであり、業界にとってはもはや拒むことなどできる状況ではなかった。警察庁の改正案は全遊協の緊急理事会から一カ月後の四月二四日に閣議で了承された。改正案は時の自民党政権の承諾を受けた形となったわけである。あとは、国会審議の場でいかに条文の修正をはかるかが業界にとって焦眉（しょうび）の的となった。全遊協の役員以下、全国の業界幹部は国会議員への陳情に奔走した。

「その間は全遊協の理事会でも改正を巡る議論がかなり展開されました。内部ではそもそも法律化に反対する総論反対の議論や部分の修正を求める各論の議論まで、なかなか収拾をつけることがむずかしい状況でした。また、外部に対しても自民党や社会党にかぎらず、各県遊協が地元選出議員に対し、みな必死で陳情して歩きましたよ。とくに審議の場である地方行政委員会の委員にターゲットをしぼって積極的にやりました」（元全遊協関係者）

まず衆議院の地方行政委員会で具体的な審議がはじまることになった。委員会には全遊協の関係者が常に一〇人近く傍聴につめかけた。陳情の結果、業界の意を汲んだ議員を通してなんとか法案の修正をはかりたいというのが業界の願いであった。

ところで、この風俗営業法改正、とくにパチンコに関連する改正はなぜ浮上したのだろうか。あのフィーバーブームが引き金になったことは間違いない。たとえば、中央のパチンコ機の認定機関の設置について、フィーバー機を意識した趣旨の発言を警察庁の鈴木良一保安部長（当時）が国会でこう述べている。

「最近の遊技機は大変ＩＣ等が使われまして、そういう遊技機の認定、検定には高度な技術を要するということになっておるわけでございます。そういうことで各都道府県で行うことになっておりますけれども、なかなかそれだけの能力がない場合もあり得るわけでございます。

そういう意味で、そういう能力、知識を持っているものが速やかに行うということが業界のためになると考えておりまして、その辺からも関係業界の御要望に沿えると考えておるわけでございます」(「第百一回国会衆議院地方行政委員会議録」より)

都道府県条例の法律への格上げについては当初の全遊協の緊急理事会において警察庁の三島課長補佐がこう述べていた。

「自治体の長からの要望もあり、地方条例に委ねていたものを法律に引き上げることがのぞまれていた。併せて条例の曖昧な部分をすっきりさせたい。これにより例えば千葉のような一県が突出した今回のような事例(テンカウント規制)をなくし、均衡をはかることができる」(「グリーンべると」昭和五九年四月号)

フィーバー規制などは各県単位でバラバラにやっていたのではだめだと警察当局は考えたのである。パチンコ店の処分は風営法および条例に照らして各県警単位で判断していたが、判断のむずかしい場合は各県警本部から中央の警察庁に照会して判断を仰ぐのがそれまでの通例であった。ひょっとするとフィーバーブームで県警単位で判断しきれない事例が警察庁に殺到したのであろうか。いずれにしても警察庁および各県警の対応の混乱ぶりを考えるとき、フィーバーが風営法改正という事態を招いたと考えざるをえない。

警察の店への介入の強化

地方行政委員会での議員と警察当局との攻防に移ろう。全遊協がもっとも抵抗したのは、おもな改正案の中の「警察の立ち入り検査」と「管理者の設置」であった。どちらもパチンコ店への警察の介入を強化するものである。それが過度に強くなれば、営業に支障をきたす可能性もある。全遊協は要望書の中でこう述べている。

「管理者については選任を義務づけ、営業者またはその代理人等に助言、指導させるとなっているが、両者の人間関係が複雑になる。また、警察官が店内に入り、帳簿、書類を令状なしで見られるようにしているが、問題が多い」

この二点については審議でも取り上げられた。「第百一回国会衆議院地方行政委員会議録」から、その一部を紹介しよう。自民党の臼井日出男議員（当時）は立ち入り検査についてこう質問している。

「警察官は現場に立ち入って、営業中であっても客のいる現場で資料を調べたり、あるいは従業員に質問できることになっており、これが状況によっては営業妨害になったり、あるいは職権乱用が行われるというようなおそれもあるように考える。……営業者は立入検査を拒否し、また改めて検査に応じるという権限があるのか」

これに対して鈴木良一保安部長はこう答弁する。

「立入りは当然のことながら風営法の目的を達成するために必要な行政監督上の手段ですけれども、慎重な運用をしなければならないと考えておるわけでございまして、営業にできるだけ支障が出ないように配慮をしてまいりたい。また、立ち入らなくてもすむような、例えば報告を聴取する、あるいは資料の提出ですむというような場合にはそういうようなものによってできる限りかえていきたい」

審議の結果、「警察職員が店内に入り帳簿その他を検査できる」という項目は最終的には削除されることになった。その代わりに、「公安委員会は、この法律の施行に必要な限度において風俗営業者に対し、その業務に関し、報告もしくは資料の提出を求めることができる」という規定が加わった。

つづいて「管理者の設置」については「営業の自由に反するおそれがあるのではないか」という指摘がなされた。しかし、警察当局は「現行法の考え方にもあり、それを踏襲して整備したもの」と答えるにとどまった。しかし、管理者の立場を明確にして欲しいとの要望に対し、結果的には管理者は店長や支配人を指すものであることなど、管理者の立場が明確にされた。また、「公安委員会は管理者の解任について経営者に命令することができる」とした原案は「勧告することができる」に修正され、この二点については業界が若干の修正を勝ち取ることに成功したのである。

さらに法律案の付帯決議が採択され、この中では業界の要望が大きく取り入れられたものとなった。たとえば警察職員の立ち入りについて付帯決議は、「いやしくも職権の乱用や正当な営業をしている者に無用の負担をかけることのないよう適正に運用すべきであり、その旨都道府県警察の第一線に至るまで周知徹底すること」と述べて、立ち入りの条件を制限している。こうした修正や付帯決議の内容は業界の陳情が実った成果であろう。しかし、成果はいま述べた点にとどまり、大枠はそのまま法案として成立することになったのである。

新風営法と警察の利権

新しい風俗営業法は五九年八月八日に国会で可決され、翌六〇年二月一三日に施行されることになった。正式名は「風俗営業等の規制及び業務の適正化等に関する法律」という名前である。この法律の制定によってパチンコ業が明確に位置づけられたことから、ある意味でパチンコ業界は社会的認知を得たとの評価もある。しかし、一方ではこういう見方をする業界関係者もいる。

「いままで各都道府県単位に分散されていた規制を中央の警察庁に集中させたことで、警察当局の業界に対する力はさらに強まったことになります。しかも、むかしと違って巨大産業に成長したパチンコ業界ですからね。それが、警察当局の思惑しだいで影響をおよぼすことも可能なんです。ある通産省の担当者などは、なぜそこまで警察庁がすべてにわたってやる必要があるのかといった不満を口にしていました」

新風営法は、名前の通り営業の適正化を行う趣旨で制定された。適正化のためには指導、育成も必要となる。パチンコ産業の育成という経済官庁的側面も強調されやすく、パチンコ店の営業政策への介入もしやすいという要素を持った法律ということもできるかもしれない。指導の名目で業界から一定の利益を引きだすことも可能だろう。

たとえば、風営法改正で浮上した風俗環境浄化協会なる団体がある。同協会は善良な風俗の保持、風俗環境の浄化、少年の健全な育成をはかることを目的に新設された公益法人である。おもな事業は住民などからの苦情の処理、街頭での客引きや悪質なビラ張りなどをしないように啓発する活動や風俗環境浄化のための出版活動などとなっている。しかし、この団体は当初から設立意義が疑問視されていた。

「すでにこの種の活動は警察だけでなく、防犯協会でもやっていたんですよ。それなのに、新たに作ろうというのは屋上屋を架すことですよね。なぜそんなことをやるのかと思ってました。たぶんその時点では警察ＯＢの再就職先にでもするんだろうと考えていました」と、業界関係者は語る。

実際に同様の疑問を持った山中末治議員（当時）は地方行政委員会で警察当局にこう質問した。

「この浄化協会、全国協会等の運営、これは人件費も要ると思いますし、役員の報酬じゃなしに費用弁償ぐらいはいいんじゃないかというふうに私は推測するわけですが、この浄化協会のそういう人件費、運営費等に必要なものはどういう形で調達されようとしているのか。国から補助金等が出るのか、あるいは都道府県からそういうものが出るのか……お聞かせいただきたい」（「第百一回国会衆議院地方行政委員会議録」より）

これに対して警察庁の鈴木良一保安部長はこう答弁した。

「この浄化協会の運営につきましては広く浄財を募ってまいりたい、こう考えておりまして、現時点では防犯協会等が適当だ、こういうふうに考えているわけでございまして、そういう従来の防犯協会等の会費なりあるいはいろいろの事業なり、あるいは基本財産から生じる果実（運用利息）その他いろいろあるわけでございますけれども、そういうものをもとにして運営することになろうか、こう考えています。補助金等については現時点では考えておりません」（「第百一回国会衆議院地方行政委員会議録」より）

この風俗環境浄化協会には、委員のだれもがパチンコ業界をはじめとする団体から寄附を募るのではないかと不信と疑問を持っていたようだ。異例にも、委員会の付帯決議は次のような文句を残している。

「風俗環境浄化協会は、民間における環境浄化の機運を一層盛り上げるために、あくまで啓発活動など任意的な活動を行うものであり、その運営に当たっては、業界との協力を促進しその自主性を最大限尊重するとともに、寄附の強制は行わないこと」（「風俗営業等取締法の一部を改正する法律案に対する附帯決議」昭和五九年七月五日衆議院地方行政委員会）

こうやって釘を刺したにもかかわらず、昭和六二年一月、新風営法施行から一年も経ずして、風俗環境浄化協会はパチンコ業界と深い関わりを持つことになる。風俗環境浄化協会の発行するAMマークなるシールを、認定されたパチンコやパチスロ機に貼り、そうでない不正機と区別しようという案が浮上するのである。しかも、このシールに伴う費用はパチンコ店の負担とされた。具体的には、遊技機一台につき一枚のシール代として一〇〇円から二〇〇円を風俗環境浄化協会に支払うのである。

不正機の排除という名目はりっぱであるが、このシールは法的根拠もなく、実効性から見ても極めて不透明であった。通常、パチンコ機は警察庁指定の新たな検査機関である（財）保安電子通信技術協会（保通協）で認定を受けると機械に認定証となる認定シールが貼付される。さらにその上にAMマークを貼ることになる。しかもシールを貼るのはパチンコ店側である。後に不正改造機が問題となり、改めてこのAMマークが疑問視されることになった。改造機は検定を受けた機械に手を加えたものであり、AMマークは実質的に不正機排除の意味をまったくなさないという意見が全遊協内部から湧き起った。結局、このAMマークは、シール代と称して風俗環境浄化協会が資金集めをしているにすぎないという結果になったのである。しかし、このAMマーク制度は一部の地域を除いてその後もつづいている。

育成・指導という名の〝利益誘導〟

新風営法改正にともない、パチンコ産業の育成・指導に名を借りた〝利益誘導〟はAMマークにかぎらなかった。昭和六一年四月二五日、新風営法施行から約一年後、全遊協の松波理事長名で警察庁の新田勇保安部長（当時）あてに一通の陳情書が送付された。文面にはこう書かれていた。

「わたしども遊技場におきましてはこの（カード）システムについて種々検討をしてまいりましたが、現金管理の効率化、省力化、防犯上の貢献度等にメリットが大きいことなどが思料されます。わたしどもでは、このシステムを時代のニーズに沿うものとして、ぜひ導入いたしたいと思いますので、なにとぞ当局のご理解とご高配をお願いしたいのであります」

ここにいうカードシステムとは、すでに一部のパチンコ店で導入されはじめていた店舗専用のハウスカードによる玉貸システムのことである。まさか、この一枚の文書が全遊協の命取りになろうとは、当時だれも知る由はなかった。

11 浮上するプリペイドカード

つきつけられた全国共通カードシステム構想

昭和五九（一九八四）年初頭に持ち上がった風営法改正案は国会の審議を経て、同年八月に制定され、翌六〇年二月には新風営法（風俗適正化法）が施行された。法律の改正を巡って業界は一丸となって当局や政治家への陳情活動を繰り広げ、その結果、業界の意思を一定程度法律に反映させることができた。

しかし、その成果以上に大きな成果は、制定過程を通じて培われた業界の結束と団結だった。とりわけパチンコ店の団体である全遊協は業界内でのリーダーシップを高め、従来ややもすれば足並みが乱れがちであった業界の結束を強固にしたという点では大きな成果があった。この求心力を基盤に全遊協が新たに打ちだしたのは、組織のさらなる強化とパチンコの社会的認知へ向けたいっそうの努力であった。すでにパチンコは一〇兆円産業という経済的地位を誇っていた。当然、それに見合う社会的評価と地位を獲得することが大きな課題でもあった。

新風営法施行後の昭和六〇年から六二年までの三年間は、業界が内部強化と社会的地位の向上に力を注いだ時期といえる。そのためには、業界の政治的な影響力を強化する必要があった。業界に関わる大問題が発生したときに、頼りになるのはやはり政治の力であるということを風営法改正でだれしもが痛感したのである。

全遊協の理事であった村越一哲が当時をこう語る。

「政治に近づいていったのは風営法改正のあたりからですね。政治家への陳情を通じて、やはり組織として一定の資金が必要ということになった。そこで全遊協として『特別資金』を設けたわけです。そのため、全国の組合員から機械一台につき一〇円というような単位でお金を集めたんです」

どの業界団体もそうであるように、政治家とのパイプを持つにはそれなりの資金が必要である。全遊協はこの資金を活用することで組織力を強化しようと考えた。その一方、パチンコのイメージを社会的に高めようと企画したのが六一年の全遊協結成二〇周年記念事業である。記念事業ではいろいろなイベントが打ちだされたが、特筆すべきは「パチンコ文化賞」の創設であった。この賞は「パチンコを日本人の暮しに根づいた生活文化、娯楽文化として捉え、健全なる文化の振興、普及とともに業界の発展に寄与した」人物を顕彰するのが目的である。第一回受賞者には社会学者の加藤秀俊、経済評論家の竹内宏、作家の吉行淳之介、土井たか子社会党委員長（当時）が選ばれた。この賞はマスコミでも話題になり、パチンコのイメージを高めるのに効果的な役割を果たした。組織強化と社会的イメージアップのさまざまな活動の展開は全遊協の舵取りの下で順風満帆に推移していった。

六一年には業界のイメージアップを狙った新たなシステムも生まれた。カード時代到来ということになって、パチンコ店でもカードで玉をだすカード式玉貸システムがお目見えしたのである。その店のみで使用できるハウスカードが宮崎のパチンコ店を皮切りに登場するようになった。全遊協としても若い世代や新しいファン層の開拓に役立つならとカード式玉貸システム導入を前向きに検討することになり、前述したように昭和六一年四月二五日には全遊協の松波理事長から警察庁の新田保安部長あてにカード式を導入させて欲しいとの陳情書が出されている。

七月には警察庁が条件つきではあったがカード式を認める通達を全国の警察本部にだした。条件は各店限定のカードであること、発行するカードの金額は一〇〇〇円以下というものである。これを機に関連メーカーがさまざまなカード式玉貸システムを開発した。しかし、導入が進んでみると、客にそれほど利便性がないとの理由でカード式は思ったほど普及することはなく、しだいに影の薄い存在になっていった。この時点では、パチンコファンも店の経営者もカード式に魅力を感じなかったということである。

ところが、それから約二年後の昭和六三（一九八八）年七月、全遊協の順風満帆な組織運営に水を差す出来事が起った。七月八日、警察庁から全遊協執行部に呼びだしがかかった。何事かと警察庁に向かった執行部の面々は、担当の平沢勝栄保安課長（当時）の言葉に驚かされた。だれもが忘れかけていたカード式玉貸システムのことを持ちだされたからである。しかも、それはこれまでのような各店限定のカードではなく、全国どこのパチンコ店でも使える共通カードを作るという大規模な構想だった。平沢課長から構想の中身を聞くにつれ、全遊協執行部の面々はさらに驚いた。平沢課長の話の内容はこうだった。

「遊技業界は一〇兆円産業と言われているが、国民の余暇時間の増大を考慮すると一五兆円、いや二〇兆円産業に増大しても不思議ではない。このカードシステムによる玉貸方法は時節に即応した方向であり、警察庁としては業界の今後の発展を展望し、全国共通カードシステムの導入を認める方向で検討中だ」

しかし、だれがそれをやるんですかとの問いに、平沢課長はこう答えた。

「カードの発行会社は既存の企業ではなく、JR、NTT、一流銀行など大手資本の参入による管理会社を計画している。また、このカードシステムは使用期限を限定せず、全国共通とし、カードの価格は一〇〇〇円から一万円を検討している。さらに業界の脱税防止、暴力団の資金源排除なども考慮し、景品機構の見直しや業界の健全化、福祉への還元などを将来的にこのカード会社によって解決していきたい」

ここまで一気に話した平沢課長は、さらにこう依頼したのだという。

「ついては、このカード会社に資本参加するなどして協力して欲しい。資本総額は授権資本四〇億円だが、とりあえず払込一〇億円の資本金でスタートする予定だ。七月末までに出資するかどうか返答してもらいたい」

みんながあっ気にとられているうちに、さらに課長がこうつけ加えたという。

「業界も新規出店反対とか、そのための妨害など姑息な手段をろうすることはやめるべきだし、こちらも断固たる態度で臨むつもりである。今後は業界の売上げも増大するのだから、大手資本の業界参入を積極化することにより、イメージアップを図るべきである」

これはもう相談事というより、一方的な通告に等しいものであった。一〇月にカード会社が設立されるとも言われた。執行部のメンバーは寝耳に水どころか、ただただ呆然とするばかりだった。

出席した執行部のメンバーは「持ち帰って慎重に検討したい」と言うのがやっとだった。警察による突然の大規模なプリペイドカード構想は全遊協を混乱に陥れた。すでに過去のものとなった店舗限定のカードシステムが警察庁の担当者の口からこんな形で出てくるとはだれもが予想だにしなかったのである。

プリペイドカード構想の舞台裏

昭和六三年八月五日、遊技会館で出資をふくむカード問題を討議する全遊協の緊急理事会が開かれた。出席した理事からも戸惑いや驚きをふくんだ質問、意見が相次いだ。

「詳細がわからなければ検討などできない。もっと細かな情報を」

「一、二カ月で結論の出る問題ではない。それぞれ県に持ち帰って、組合員のコンセンサスを得ることが必要だ」

「われわれにプラスになるならば賛成し、マイナスなら反対は当然のこと。だが、業界の外で話が具体化し、われわれは何も知らなかった。なぜ外でこんな大きな問題が進んでいたのか」

さまざまな疑問が噴出した。結局、全遊協はカード会社への出資をしないということを圧倒的多数で決議した。理事会終了後、役員は警察庁に出向いてこう返答した。

「短期間で結論をだせと言われるのであれば、お断りするしかない。長期の検討期間がいただければ検討します」

警察庁の申し入れに「ノー」とつっぱねたのである。唐突な申し入れに、全遊協としても

「はい、わかりました」ということができないのは無理からぬ話であった。だが、この時点で全遊協と警察庁の間に最初の亀裂が入ったのである。

しかし、なぜこの時期に突如として全国共通のプリペイドカード構想が浮上したのか。全遊協の理事たちが疑問を抱くのも無理はなかった。水面下でどのような動きがあったのだろうか。後の衆議院予算委員会の場で、警察庁の森広英一保安部長（当時）はパチンコ業界へのプリペイドカード導入を警察庁に陳情した民間企業の存在を明らかにした。その企業が陳情に訪れたのは昭和六三年七月一日だったと証言している。全遊協幹部に警察庁が申し入れる一週間前だった。保安部長が明らかにした陳情の名義人は以下の人びとである。

「名義人は五人で、ＮＴＴデータ通信の藤田史郎社長、コスモイーシーの熊取谷稔氏のほか、オリムピック、西陣、竹屋の各幹部」（「朝日新聞」平成元年一二月一日）

しかし、陳情が事実としても、その一週間後に業界に通知し、一〇月にカード会社設立というのはいかにもおかしな話である。それ以前に警察庁は陳情グループの行動を知っていたのではないだろうか。事実、警察庁はカードシステム化に向けて関連業者と接触していた。あるカードシステム業者は当時の状況をこう明かす。

「たしか昭和六二年ごろ、業界について教えてくれということで、警察庁の平沢保安課長に何度もレクチャーしました。当時の考え方はやはり、インの部分、そして換金つまりアウトの部分をなんとか通信システムで結べないかということでした。当時は脱税や暴力団の介入が叫ばれた時期で、未成熟なまま大きくなったパチンコの全体を明朗なシステムにしたいというのが、当局の意向でした」

カード構想が浮上する一年前のことである。そして、翌年二月には警察庁のカード化構想はかなり具体的な骨格をみせていた。プリペイドカードの陳情企業であるコスモイーシーの佐藤章統括本部長（当時）は「グリーンべると」（昭和六三年一〇月号）のインタビューに次のように答えている。

「今年の二月に再び当局にお願いに行った時にこう言われました。『このシステムは社会的影響が大きいので、①通信事業を扱う企業が参入し、セキュリティを保証できる技術があること。②金融機関が入っていること。③業界内のコンセンサスが得られることの三点が条件』ということでした。このあと再度NTTさんに打診したところ前向きな回答が得られたんです。これが五月です」

この発言が事実なら、警察庁のつけた条件の「業界内のコンセンサス」は何を意味するのか。警察庁の七月の突然の申し入れから考えると、業界とはパチンコ関連メーカーを指し、遊技場経営者は入っていないことになる。メーカーはともかく、全遊協を当局が説得できるという自信があったのであろうか。カード導入の経緯について、警察当局は実に奇妙な発言をしているのである。後にプリペイドカード問題で国会答弁に立った金沢昭雄警察庁長官（当時）はこう語っている。

「プリペイドカード導入は業界の健全な発展と愛好者の利便に役立っていくという両方の観点で進めてきた。そもそも業界から導入について警察に要請があった」（「読売新聞」平成元年一一月二五日）

金沢長官の言う業界の要請とは、昭和六一年に全遊協の松波理事長から保安部長にあてて送られた店舗限定のハウスカードシステムの陳情書を指している。しかし、これは同じカードでも明らかに違うシステムである。ただし、松波理事長の陳情書の文面には「ハウスカード」という趣旨の言葉はない。曖昧な内容の陳情書を、警察庁は〝証文〟と強弁したのである。当然ながら全遊協側の反発は大きかった。

顔を出した日本の大企業

こうした反発をよそに六三年一〇月四日、日本レジャーカード株式会社（日本LEC）が設立された。設立発起人にはこれまで業界とは縁がなかった経済界の錚々たる人物が顔を並べた。真藤恒NTT会長をはじめ諸橋晋六三菱商事社長、藤田史郎NTTデータ通信社長（いずれも当時）、それに第一勧銀、富士、住友、三菱信託の都銀や信託銀行の頭取クラスばかりであった。資本金は一〇億円。筆頭株主は三菱商事で一二パーセント、つづいてNTTと警察庁の共済団体であるたいよう共済が九パーセントずつである。新会社の副社長には中平和水・元警察庁刑事局長が就任した。大手資本と警察主導で進んだ会社の設立は、全遊協をはじめパチンコ店経営者を動揺させるに十分だった。それはしかし、全遊協と警察庁の亀裂をさらに深めることになった。

ことは警察庁との亀裂だけではすまなかった。着々と進む警察主導のカード構想は結束が強固だった全遊協内部にも動揺を引き起した。当初こそ全遊協はカードシステムについては静観のかまえであったが、警察当局の一方的な進め方に反発を強め、しだいにカード推進反対の色を強くするようになる。一〇月一九日、山口県遊協代表団のカード化推進の反対署名を受理した後の記者会見で松波理事長はこう述べている。

「現在ファンの数が固定しているなかで売上げは伸びるが粗利益は減る傾向にある。したがって今の状態では、店が利益を減らすかファンに負担をかけるかの二者択一を迫られており、こうしたなかで多額の出費を要する共通カードが導入されれば、結局はファンの懐に負担をかけることになる」(「グリーンべると」昭和六三年一一号)

松波理事長は「共通カードはパチンコ店にメリットなし」と言い切ってもいる。だが、反対の態度を明確にする全遊協内部にカード推進派が誕生するようになる。また、別の動きも浮上した。大手パチンコ店を中心に共通カード促進を旗印に組織された日本遊技業経営者同友会(日本遊技関連事業協会の前身)の松岡英吉会長(当時)が一〇月二六日、同会の第三回理事会で警察庁の共通カード導入案に賛成して、こう語ったのである。

「水の流れは変えられない、ということを申し上げたい。世の中全体がカード化に向かって進行しているなかで、今回の共通カードの導入は時代の流れであり、反対する理由はない。今まで我々は現行のカードの不備を訴えてきたのだから、この共通カードは願ってもないチャンス。実現を図るための努力は惜しまない。また同友会を基盤に業界発展のために百年の計をたてていくつもりだ」(「グリーンべると」昭和六三年一一月号)

一枚岩と思われた全遊協内部に大きな亀裂が走った。翌平成元(一九八九)年になるとその傷口はさらに広がっていく。二月九日に開催された全遊協理事会は前代未聞の大荒れとなった。カード推進派が執行部不信任案を提出し退陣を迫ったのである。まず、都遊協の専務理事がこう口火を切った。

「現在、警察庁と全遊協のパイプは完全に断たれており、このままの状態が続けば大変なことになる。理事長および執行部の退陣を求めたい」

また、ある理事はこう発言した。

「どんな問題にしろ警察庁との関係なしには解決できない。そのパイプが切れている以上、執行部に辞めていただきたい」（「グリーンべると」平成元年三月号）

カード問題というよりも、警察庁とのパイプが切れたことへの戸惑いが一部の理事たちにあった。許認可行政の下で営業している業界である以上、警察当局に逆らうことのデメリットを恐れたのであろう。組合の総意を受け行動していたはずの執行部は、ここにきて窮地に追い込まれた。

二月一〇日には反執行部派の一都二四県の理事長が集まり、全遊協正常化推進協議会の発足を宣言。そして、全遊協に代わる新しい団体として新全国遊技業連合会を二月二八日に設立することを表明した。しかし、二月二四日には松波理事長が辞任を表明するにいたり、新組織の発足は見送られることになる。だが、その後も内部の対立が消えることはなかった。

松波理事長が退任してから、理事長代行に四人の副理事長が選出された。松波理事長とともに全遊協をリードしてきた総務委員長の柳勲副理事長はプリペイドカード推進反対という既定の方針を貫いた。しかし、副理事長のひとりで、カード推進派であった都遊協の松岡理事長が辞意を表明し、五月二〇日には松岡を中心とした一都八県による全日本遊技業組合連合会（全日遊連）が設立された。業界は二つの組織に分裂したのである。プリペイドカードの問題に端を発した全遊協の内部対立は新たな局面を迎えた。当時、静岡県の理事長だった村越一哲はこう振り返る。

「カード問題から一転して執行部批判となり、最後は柳副理事長に退陣を迫るというふうに発展していきました。つまり、警察庁とうまくいかなくなったという理由ですね。もともとはみなの総意で松波さんも柳さんも動いたわけなんですが、結局、二階に上げられて梯子をはずされた格好になりました」

内部に確執を抱えながら苦しい運営をつづける全遊協執行部に、追い討ちをかけるような爆弾が落とされた。

パチンコ献金疑惑

平成元(一九八九)年八月、遊技業界から社会党に多額の献金が流れていると「週刊文春」(平成元年八月一七日・二四日合併号)が報じた。この記事は社会的な反響を呼び、国会審議の場に持ち込まれるほどの騒ぎに発展した。いわゆる「パチンコ疑惑」騒動である。記事の内容は、当時日の出の勢いであった土井たか子社会党委員長をはじめ多数の社会党議員に遊技業界から多額の不正献金がなされたというものだった。

自民党の幹事長だった小沢一郎も「自民党に多少の血が出ようとも、やる時はノックアウトするまでやる」(「読売新聞」平成元年一〇月一〇日朝刊)と自ら陣頭指揮を取るほど強気のかまえをみせた。プリペイドカード導入を阻止するためのパチンコ業界による政界工作の意図が献金の背景にあったこと、社会党議員がカード問題で警察庁に圧力をかけたことの二点を自民党は追及した。事実、森広英一警察庁保安部長が国会答弁で「(プリペイドカード問題で)圧力という表現は別にして、一番説明を求められたのは社会党」（「読売新聞」平成元年一〇月一八日朝刊）と発言したことから、疑惑に拍車がかかった。

全遊協にしてみれば、警察庁との対立、内部の亀裂、そしてこのパチンコ疑惑と、もはやだめ押しともいえる衝撃を受ける形となった。新風営法施行から取りつづけてきた業界発展の施策が裏目に出たということになる。プリペイドカード陳情は警察庁の全国共通カード推進の〝証文〟となり、そしてパチンコ疑惑では「第一回パチンコ文化賞」受賞者に土井たか子社会党委員長を選んだことが標的にされた。そのうえ、組織強化のための特別資金が不正献金の温床と疑われてしまったのである。

全遊協の会計理事だった村越一哲も疑惑の矢面に立たされた。村越はこう振り返る。

「週刊誌では献金の額が一〇億とか三〇億とか書かれている。本当に驚きましたよ。実際の献金は社会党だけでなく、自民党にもしていたんです。しかも額は数十億ではなく、特別資金から当てた一億ちょっとの額です。このまま放置してはいけないと思いました」

村越は事実と反する報道に対し、警察庁には事情を知ってもらいたいと思って執行部の承認を取りつけ、八月二九日に全遊協の会計担当者といっしょに警察庁に足を運んだ。

「週刊誌には社会党だけに流れたように書かれているが違う。自民党の先生のほうがはるかに多い。しかも献金は政治資金規正法の枠内に入るもので違法なものではないという説明をしました。警察庁の平沢保安課長さんはわかったと言ってくれました。しかし、「文春」につづいて新聞、マスコミの報道はその後もどんどん激しくなりましたね」

事実、自民党には海部首相（当時）ら首相経験者五人をふくむ多数の議員に計一億円、社会党には八〇二万円と与野党の議員に合わせて約一億五〇〇〇万円が献金されていたことが後に明らかにされた。

会計理事の村越は、マスコミのターゲットにされ、静岡の自宅まで記者の張り込みを受けた。

「私はマスコミに対して真実を発表してもいいかと常任理事会で言ったんです。しかし、ちょっと待て、ということでしたので言うわけにはいかなかった。ですから、マスコミの取材に対しては『理事会の承認がない以上なんとも申し上げられない』と言うしかなかった。そうすると余計にマスコミから疑惑を持たれるという状態でしたね。私としては特別資金として何月何日にいくら徴収し、それを社会党にいくら、自民党にいくらという形で公表してもいいと考えていたんです」

一〇月一七日、村越は全遊協常任理事会で政治資金について報告している。その中で「これまで明らかになっている通り、昭和五九年から六三年にわたり総額約一億五〇〇〇万円を政治献金、パーティ券購入費として支出しているが、それ以上の裏金のようなものはない」(「朝日新聞」平成元年一〇月八日朝刊)と説明した。この当時、全遊協の会計は伏魔殿だという噂が飛び交った。マスコミだけでなく、全遊協内部からも中傷めいた非難を村越は受けることになった。この疑惑騒動によって、村越以下全遊協執行部は緊張を強いられつづけることになったのである。

「週刊誌の記事に検事の発言として『この献金問題には関心を持っている』というのがありました。こちらとしてはいつガサ入れがあってもいいように書類を用意し、準備はしていました。まったく隠すところはありませんでしたからね」

政治献金は政治資金規正法によって献金枠が決められている。ザル法とも言われたが、村越は法を忠実に守っていたと語る。

「当時は一五〇万円以上はいけないとなっていました。たとえば、ある先生に五〇〇万円を献金するとしますと、関東地区の遊技組合から一五〇万円、中部地区から一五〇万円、近畿地区から一五〇万円の計四五〇万円。それに全遊協から五〇万円をプラスして計五〇〇万円という具合に法の範囲内でちゃんとやっていたのです。もちろん、公認会計士や弁護士とも相談の上ですからやましいところはぜんぜんありませんでした」

だが、村越の自信をよそに、国会では自民党対社会党の党利党略、政争の様相を呈していく。在日朝鮮人総連合会（朝鮮総連）から社会党議員へ政治献金が渡されたという自民党議員の発言まで飛びだした。その献金リストが正しいものか、リストがどこから出たものなのかを巡って国会が紛糾する一幕もあった。

全遊協の解散

いずれにしろ、全遊協の献金問題はマスコミの話題から徐々に遠のいていくようになる。しかし、全遊協内部の対立の火はくすぶったままだった。パチンコ疑惑の渦中の平成元年八月二八日、総務委員長としてこれまで全遊協を支えてきた柳副理事長が辞任するにいたり、全遊協は昔日の求心力を完全に失った。

先に発足した全日遊連は、七月に一都一一県の参加で第一回総会を開催した。九月の理事会には警察庁から担当者が出席し、当局が業界の正式団体として全日遊連を認めていることを誇示した。また、七月三日には先に発足した日本遊技業経営者同友会が日本遊技関連事業協会（日遊協）として正式にスタートした。全遊協は分裂した組織の修復と業界の一本化に向けた努力を重ねるが、脱退する県や全遊協と全日遊連の双方に加盟する県も増えていった。

平成二（一九九〇）年一〇月一二日、遊技会館で全遊協の理事会が開催された。この日はなぜか全遊協を脱退して全日遊連に参加した旧理事も参加していた。冒頭、あいさつに立った全遊協の三宅理事長代行は、「久しぶりに全遊協の理事会に戻った。我々も当時の執行部の一員として責任を感じている。この辺で一体化する必要がある」と述べ、全遊協の解散を提案した。これはすでに全日遊連と全遊協のトップ会談で話し合われた末の提案だった。出席した理事からは解散は寝耳に水だと、こんな意見も出た。

「なんとか一本化したいが、今の流れは最初と違ってきて、どこかおかしい。なぜ、解散なのか。……全日遊連は業者の立場に立っていたか。全国的な組織が何人かの人によって動かされていいものか。柳さんには勝手なことはさせなかったし、大きな利益のために勇退したが、本人は間違ったことはやっていないと絶えず口にしていた。一本化でまとめてくれることを期待していたが、解散は驚いている」（「グリーンべると」平成二年一二月号）

しかし結局、全遊協はこの日解散を決議し、一一月八日には同じ遊技会館で解散の臨時総会が開催された。あいさつに立った三宅理事長代行は解散の原因についてこう語った。

「昨年以来続いた業界組織の混乱、パチンコ疑惑の国会、連日のマスコミ報道等、業界を襲った嵐がまだ記憶に新しいところです。これを引き金に全日遊連が誕生しました。今や一都三六県に及ぶ勢力となりました。一方、全遊協加盟組合は四三県で、そのうち全日遊連にも加盟している県は二八県です。このような組織分裂の結果、業界が得たものは少なく失うものはあまりにも多かったことを私たちは考えさせられました。因みに組織が分裂しているために、その修復のためにのみエネルギーを消費し、かつ盟友が反目し、業界の力は半減され、業界が一致団結して対応しなければならない対外的な重要議案もおろそかになるなど、枚挙にいとまのないところでございます」(「グリーンべると」平成三年一月号)

業界を襲った嵐はこうしてあっけなく全遊協を解散に追い込んでしまった。全国一万店以上におよぶパチンコ店を束ねることが難しかった業界を、執行部の努力によって強固な団結力を持つ組織に全遊協はまとめ上げられていたのだったが……。連発機禁止、暴力団の介入などで揺れていた業界を建て直すために立ち上がった初代理事長の水島年得以来、パチンコ業界の発展に全遊協が大きな功績を残したのは間違いなかった。

新風営法施行以降、さらに強力な組織運営にチャレンジしようとしたが失敗に終わったのだった。出る杭は打たれるのたとえではないが、全遊協の解散劇は改めて許認可権を当局に握られているパチンコ業界の限界を示した事件であった。しかし、ややもすると利益本位に無軌道に走りがちな業界にあって、それを諌めてきたのは業界の結束と執行部の強力なリーダーシップに負うところが大きかった。権力をもってただ取締まれば解決するものでないことは過去のパチンコ業界の歴史が示すところである。団結とリーダーシップを失った負債をどう取り戻すのか、代わって登場した全日遊連がその力を発揮したかどうかは、後の問題である。

平成三年二月、全遊協が正式に協同組合の解散を宣言した直後、市ヶ谷の遊技会館に所轄の税務署員が大挙して押しかけた。税務署の係官は事務所の資料を軽トラックいっぱいに積み込んで持ち帰った。解散にともなう資産保全の措置である。

村越一哲は全遊協の精算人として係官に対応した。

「税務署としてはパチンコ疑惑で騒がれた特別資金をふくめ、資産が相当残っているとみて踏み込んだようでした。しかし、ビター文出ない。自慢ではないが、すべて完璧な書類ばかりでした。最後には税務署も感心し、好意的に対応してくれました。私と事務局で終戦処理をしたわけですが、それから数カ月は税務署の対応のために静岡から何度か出てきました」

協同組合は解散しても一〇年間は資料保存の義務がある。村越は残った資料を横浜の倉庫に預けることにした。しかし、資料を倉庫に移した後も、税務署にたびたび資料の提出を要求された。そのたびに横浜の倉庫の鍵を開けては資料を抜きだし、村越は税務署に持っていった。清算人にあたえられた経費はなくなり、自腹で旅費をださなくてはならなくなっていた。

「考えてみれば私が全遊協の理事を務めたのは二二年間です。学校を出た後の人生の半分を全遊協で過ごしたことになります。それはいろんなことがありました」

六月初旬、村越は税務署に渡した資料を戻しに横浜の倉庫に行った。資料を倉庫に戻し終えて倉庫に鍵をかけた村越は、外に出て天を仰ぐようにフーッと大きく息をついたという。この日で清算人としてのすべての仕事が終わったのだ。

この後、全遊協の解散の原因となった全国共通型プリペイドカード式システムによってパチンコ業界は新たな混乱の時代につき進んでいくことになる。

12 迷走する警察行政

カードシステムの理想と現実

平成二（一九九〇）年四月四日、東京都目黒区の東急東横線都立大学駅近くにある「東京日の丸」都立大店にはじめてプリペイドカードシステムが導入された。導入店なら「全国どこでも使える共通のカード方式」という謳い文句は、すでに新聞、雑誌などのマスコミで宣伝されていたので、この日はまさに鳴り物入りの登場だった。導入した東京日の丸社長の日野和喜（故人）はそのときの様子をこう語る。

「最初はお客さんも慣れないのか、ちょっと不安そうな感じでした。カードははじめてですからね。多くの人が一〇〇〇円のカードを買ってやっていました」

この日は東京、神奈川の七つのパチンコ店がカード式を導入し、四月中にさらに四店舗増え、計一一店舗を皮切りにカードシステムは本格的なスタートを切った。カードはNTTのテレフォンカードを素材にしたL型磁気カードである。一〇〇〇円、三〇〇〇円、五〇〇〇円、一万円のカードが用意されていたが、ほとんどの客は高額カードに手をだそうとしなかった。無理もない、それまでは一〇〇円や五〇〇円玉、最高でも一〇〇〇円札の台間玉貸機が主流だったのである。その金額をはるかに超える金銭を投じることへの不安があったのだろう。こうした客の動向を観察しながら、日野はもうひとつの決定的な事実を実感した。

「カードを購入したお客さんの九九パーセントがカードを使い切ってしまうんです。つまり、当初言われていた退蔵益はほとんど出ない。それを利用して客へプレミアムをつけることは無理だと実感しましたね」

退蔵益とは、カードを購入したけれども実際には使用しなかったり、使い切らないために生じるカード販売側の利益のことだ。実は、テレフォンカードには退蔵益が売上げの一割近くもあるという。そのため、パチンコ用のカードにも退蔵益が出るとみられ、それをプレミアムに回せばカードの普及も進むと当初は考えていたのである。しかし、実際は退蔵益が出なかった。ファンや店に魅力をあたえると期待されたプレミアムは夢と消えたのである。

だが、こうした問題はカードシステム導入の本来の〝意義〟からすれば些事にすぎなかった。パチンコ業界の健全化を旗印に、カード推進役となった日遊協やカード会社、それを後押しする警察庁はカードシステムに気宇広大な夢と期待を抱いていたのである。警察庁の平沢勝栄保安課長は「プリペイドカードはパチンコが社会的認知を受けるための第一歩」と強調した。

「今の業界を一般国民がどう見ているかを考えなければならない。暴力団や不正などの問題があり、国民は健全な業界とは見ていない。もちろん警察は暴力団の排除に総力を挙げて取り組む。こうした認識の上に立ち共通プリペイドカードを考えているわけで、業界のイメージアップを考えれば決してマイナスではないでしょう」（「グリーンべると」平成元年九月号）

イメージアップと業界健全化のシンボルがカードシステムであると警察庁は訴えた。日遊協の初代会長の松岡英吉は、業界の脱税体質を払拭する手段と訴えた。

「顧客は自分の投じた金がいかに使われるのかという疑問を持ち、ひいては脱税イメージと重なりパチンコ産業への信頼感を損なう要素となっていた。その点、カードは領収証に代わる存在であり納税義務の明確化につながるものとして、顧客や行政の信頼回復に貢献する」(「グリーンべると」平成二年四月号)

たしかに脱税ワーストワン、換金への暴力団の介入など、一般国民がパチンコに悪いイメージを抱いていたことはたしかだった。パチンコに対する悪いイメージを払拭し、パチンコを健全な姿にしたいという理想は、たしかに評価に値するものといえた。

「まず、プリペイドカード導入によって業界の信頼性を回復すれば、われわれも行政に対して言いたいことが言える。いろんな提案もだし、いずれ換金問題も合法化できる。設備投資にかかる税金の優遇措置や株式の上場もできるじゃないかと、当初、日遊協に参加したメンバーは将来に対するいろんな夢や期待を抱いていました。また、警察当局との話し合いの中でその実現は可能だという雰囲気がありましたからね」

日遊協元会長の日野和喜がそう当時を振り返る。カード導入は業界発展の一里塚であり、そのためにはなんとしても導入を促進したいとだれもが熱意にあふれていた。しかし、こうした理想を掲げても実際にカードを導入する店には具体的な営業上のメリットが必要になる。カード化のメリットとして日本LECは設立当初のパンフレットでこう述べていた。

「プリペイドカードシステムを導入することにより、皆様は現金管理の手間が省け、人件費などコスト低減につなげることができます」「プリペイドカードを導入すれば、まずカード利用に好感をもっているヤング層、女性層を引きつけることができます。『カードがあるから、時間つぶしは喫茶店じゃなくパチンコで……』といった女性たちも現れてくるかもしれません。とにかくカード導入により、今までパチンコを敬遠していた層をパチンコに振り向かせることができるのは間違いありません」

経営の合理化とファン層の増加を吹聴

カードを導入すれば、経営も合理化し、ファン層も拡大するというのである。さらに、カードや売上げ記録の送信などの通信技術の安全性についても「カードシステムはホール内で利用されるカードと機器をはじめとして、高度な技術力を結集して新たに開発された信頼性の高いシステム」だと営業用パンフレットで太鼓判を押していた。

また、当時NTTのテレフォンカードが偽造されるケースが多数発生していたが、パチンコのプリペイドカードの安全性について日本LECの担当者は「テレフォンカードをベースにさらに改善、安全性を追求したもの」と語ってもいた。万全だというものである。しかし、それでも偽造・変造カードを玉貸機がハジく機能もあり、券売機を通過していない生カードや偽造カードが出たらどうするのかという質問に対し、「カード会社がすべて責任を持つので、ここまで断言されればそれ以上の追及は無理というものである。

ホールが損害を被ることはありえない」(「娯楽産業」平成元年九月号)とも言い切っていた。

いずれにしてもカード導入に当ってはメリットばかりが強調されていた。それを簡単にまとめると次のようになる。

①インの部分をクリアにすることで経理がガラス張りになり、脱税ワーストワンといわれる業

界の健全化につながる。

②導入店舗やファンも増加し、同時に経営の合理化、近代化につながる。

③カードの退蔵益が期待できる。

④カードおよび通信技術のセキュリティの保証は万全。

パチンコ店経営者の中には、カードシステムへの不安とは別の不安を持つ者もいた。警察行政との長年の関係から、カード方式を導入するよう強要されるのではないかという危惧である。それに対して平沢保安課長はこう言っていた。

「カードを導入するかどうかはまったくその店の自由ですし、現金の部分も残せるわけです。こうした柔軟性を持つカードシステムは業界の未来に必ず貢献すると確信します」(「グリーンべると」昭和六三年一〇月号)

カードの採用は店の自由で警察は干渉しないということである。以上の点を総合すると、経理のガラス張り化、ファンの増加、経営コストの軽減、セキュリティの保証、カード市場への警察の非介入、ホールにとってはいいことづくめである。日本LECは年内一〇〇店舗導入の構想を掲げるなどしてプリペイドカードはスタートを切ったのだった。

日遊協の会員企業を中心に導入を進めたが、一二月三〇日までの導入店舗数はわずかに四六店で、計画の半分以下の店舗数にとどまった。関係各団体がプリペイドカードの意義を説くのだが、店はなかなか導入に踏み切らなかった。最大の問題は導入コストにあった。

「一〇〇店舗入れようと最優先で取り組んでもなかなか入れたがらない。現実にはメリットがなかったということです。退蔵益もないし、プレミアムもない。イニシャルコストに加えてランニングコストも高い。一日に台当り一万円も余分に経費がかかる。店の負担が大きいからいやだということですね」（前出・日野）

実際、カードシステムのコストは決して小さくはなかった。カード券売機の価格が二六五万円、台間玉貸機にあたるカードユニットが一八万八〇〇〇円、コイン併用型になると二五万五〇〇〇円もした。いずれも設置費は別料金である。こうした機器購入費の他にＮＴＴの回線使用料をふくむシステム使用料が月に四五万円かかる。

かりに台数二五〇台の店を想定した導入費用を試算すると、カードユニット一二五台で二三五〇万円、カード券売機はパチンコ機一〇〇台に一台必要だとして三台で合計七九五万円。トータルで三一四五万円の初期投資が必要ということになる。それに、カード一枚につき一五円のカードコストも負担しなければならない。大手の資金力のあるパチンコ店ならともかく、中小のパチンコ店は導入したくてもできないという現実があった。

これだけの経済的負担にもかかわらず、カード会社が唱えたメリットはほとんどなかった。健全化の理想はともかく、カードのプレミアムや経営の合理化、ファンの拡大などという謳い文句は絵に描いた餅にすぎなかったことが導入後わずか半年で明らかになったのである。

カード会社の〝営業マン〟と化す警察官

遅々として進まないカードシステムの導入に、カード会社は先行きに不安を抱くようになる。一説によれば日本ＬＥＣの平成二年度の赤字は初期投資をふくめて一〇〇億円に達したという。コスト低減やプレミアムなど、営業メリットの要求をパチンコ店からつきつけられてもカード会社はどうすることもできなかった。採算の悪化を打開する手立てもなく苦境に陥った。平成二年秋には全国で二番目のカード会社として関西の日本ゲームカード（日本GC）が事業を開始するが、同社の担当者は記者会見でこんな言葉を漏らした。

「我々の事業は業界健全化を狙ったものであり、行政からの後押しによって行われているものです。そういう認識のもとに立ってプリペイドカードの導入を考えていただければと思います」

「こんなはずではなかった。警察や業界の力が足りないのだ」という不満の表れとも受け取れる。事実、日本LECの親会社の三菱商事はこの時点でカード事業から手を引くことも示唆したという。前出の松岡英吉は後にこう語っている。

「三菱商事から、これ以上カードの普及が進まなければ手を引くとまで言ってきたんです。大変だということで私が直接出向き、ちょっと待ってくれと説得しました。そして一年間に二〇〇店舗導入を約束してなんとか納得してもらいました」

こうした苦境に頭を痛めたのはカード会社や日遊協だけでなく、警察当局も同様であったろう。カード導入促進へ向けて警察当局も積極的に動きだすことになる。平成三（一九九一）年二月一八日、これまでカード導入では静観の姿勢をとっていた全日遊連が特別理事会でプリペイドカード推進を決議した。同時に全日遊連本部や傘下の都道府県組合にプリペイドカード特別委員会を設置し、カード導入を組合員に積極的に働きかけることになった。こうした動きの背景には警察庁の強い意向が働いたというのが大方の見方だった。

五月二一日、東京都の組合である都遊協はカード会社幹部を呼んで初のプリペイドカードセミナーを開催した。セミナーには警視庁防犯部の豊原正義管理官も出席していた。

「警視庁側では即導入を促しているわけではないが、経営規模の大きな企業では多少の犠牲を払ってでも導入に踏み切ってくれればうれしい。カード導入は懸案の暴排実現を推進する上でも意味を持っている」

「多少の犠牲を払ってでも」という言葉が警察当局のカード推進への強い決意をうかがわせる。この時期から警察当局の強いバックアップのもとにカード推進が実施されることになる。

同年七月二八日には日遊協の専務理事に長岡茂・元九州管区警察局長が就任し、日遊協は文字通り警察と一体となってカード推進に取り組むことになった。日遊協は相次いで全国に支部を結成し、カード会社や警察の担当官とともに会長自らカード推進のための全国行脚を繰り返した。八月に入ると東北地区を除いた全地域に日遊協支部が結成され、組織固めが進展していった。関東支部の設立大会では警察庁の平沢課長の後任となった中田好昭保安課長がこうエールを送った。

「日遊協の改革はさらに推進されるだろう。だが、一方でもろもろの阻害要因が生じる公算もある。しかし、当庁としては貴協会の活動方針には支援を惜しまないし、むずかしい局面に立たされることがあってもひるむことなく、前向きに改革を進めて欲しい」

警察当局は全国の警察本部はもとより、所轄署の防犯担当官まで動員してパチンコ店にカード導入を働きかけたのである。

「店の改装や台の入れ替えの前なんか、所轄の防犯担当者からしょっちゅうカードを入れてくれないかってくるんです。俺の顔を立ててくれとか、とにかくしつこく言ってくる。結局、

警察との信頼関係を考えて入れたんですがね」（都内パチンコ店経営者）

こうした警察官のカード導入の〝陳情〟は全国で見られた光景だ。警察当局の熱意の表れともいえるが、一方で業界ではこんな噂も流れた。

「新規店の営業許可はなかなか下りないが、カードを導入すると言えばすぐ下りる」

事実はともかく、現場の防犯担当官の奮闘は相当なものであった。当時、こうした活動を苦々しい思いで見ていた警察関係者もいる。首都圏で署長経験のある警察ＯＢはこう嘆く。

「プリペイドカード推進は警察の方針であり、それに関しては何も言えませんが、現場の警察官がプリペイドカード会社の営業マンに成り下がっているのを見るのは実に忍び難い。防犯課の諸君はまさにそういった状況です。導入したからといっても彼らの給料が上がるわけじゃ無論ありません。なぜそこまでやる必要があるのか、というのが正直な気持ちですね」

だが、日遊協や警察当局の熱心な推進活動にもかかわらずカード導入店は急速に増えることはなかった。平成三年七月九日現在、東西両カード会社合わせて導入店は八四店だった。当時、全国のパチンコ店は約一万六〇〇〇店。カード式がスタートして一年二カ月後のカード導入率は〇・〇〇五パーセントにすぎなかった。しかも、店の全台をカード式にするところはなく、ほとんどが部分的な導入であった。

プリペイドカードの事実上の破綻

脱税防止を目的とした経理のガラス張り、健全化にはほど遠い状況であった。明らかにこの時点で当初のプリペイドカードシステムは破綻していたのである。その原因はカードシステムが売れないという単純な事実だった。普通の企業なら販売を中止するか、当初の計画を大幅に修正するかの選択を迫られる事態である。

カード会社はもちろん、日遊協や警察当局も計画の失敗を痛感していただろう。それを裏づける文書がある。

平成三年八月八日、日遊協の役員である佐藤洋治ダイナム社長は、日遊協の全理事および警察庁、東西カード会社首脳にあてて極秘に一通の文書を提出している。「業界健全化についての提案」と題されたその文書は現行のプリペイドカードシステムの不備を訴え、計画の見直しを提言している。佐藤はまずカード普及の最大の障害はカードコストにあると指摘し、具体的な経営実態の分析を試みている。それによると全国の平均的な店の一カ月の経常利益は一二二万円であるという。その規模の店がプリペイドカードを導入すると月額のランニングコストはシステム使用料四五万円とカード代金五〇万円で計九五万円になるとしている。つまり、九五万円のコスト、それに設備投資の償却等を考えると経営的負担が大きすぎると述べ、今後をこう予測した。

「現状のシステムのままですと、導入可能店舗数は全国の平均以上の店八〇〇〇店舗の内の上位二五パーセント（二〇〇〇店）がマキシマムであると思われます。しかも、これら二〇〇〇店舗においては、カード、現金の併用にするか、またはパチスロ部分のみの導入に終わるのではないかと考えられます。業界のインの部分をクリアにするために全国に普及させたいという目的から見ますと、その目的の一割位しか達成できそうもありません」

現状ではパチンコ店の売上げの一割程度しか透明にできないと佐藤はみている。では、導入を促進するにはどうするのか。佐藤は導入コスト削減を前提に現行の磁気カードをＩＣカードへ変更することや、プリペイドカードそのものをなくすという提案もしている。簡単にいえば、現金のシステムのすべての売上データを集約してカード会社とオンラインでつなぐ、ホールはシステム使用料を支払うだけでよいというものだ。もしこれが実現できれば、カード代はもちろん券売機、カードユニットも必要なくなる。カードシステム自体の変更を迫る大胆な提案であった。

しかし、佐藤のこうした提案は無視された。なぜか。カード会社としては多額の投資を重ね、いまさら事業の縮小はできないという事情もあったろう。警察庁もカードシステムの変更は政策の後退ないし失敗につながり、ひいては面子にかかわると考えたのかもしれない。いずれにせよ警察、カード会社、日遊協ともにそれぞれの思惑が複雑に絡み合い、カードシステムの撤退をおいそれとは決断できない状況にあったのである。

そうだとすれば、そのままつっ走るしかない。といっても、導入を促進するための残された手段は二つしかない。ひとつは需要と供給の調和という市場原理を無視して買うことを義務づけることである。そしてもうひとつはケインズ流の「有効需要の創出」である。国家経済であれば財政資金を投入して需要を喚起する方法だ。だが、失敗すれば多額の借金とインフレを招くことになる。

そして、カードシステムの需要を喚起する手段として登場したのがＣＲ機（プリペイドカード対応機）だった。

プリペイドカード変造事件

平成四（一九九二）年二月下旬、メーカーの団体である日工組は、パチンコ機とプリペイドカード式台間玉貸機を一体化させたCR機を夏ごろに発売すると発表した。このニュースは業界関係者の大きな話題となった。関心を集めたのはプリペイドカードそのものではなく、機械の遊技性にあった。業界では早くから現行の機種にくらべCR機は営業的にメリットがあるに違いないとの憶測が流れていた。こんな見方に対して当時の日本LECの担当者も、「私どもも、現行の機械基準よりも緩和された新たな基準がカード式パチンコに適用される線が濃厚だと聞いている」と答えている。

カード会社もCR機の遊技性の向上に大いに期待を寄せているのがうかがえる。カードの普及はCR機で、という雰囲気が徐々に高まっていくようになった。しかし、九月に発売された初のCR機は関係者の期待を裏切る結果となった。ホール側の関心を集めるほどの遊技性はなく、ユニットをふくむ機械価格は通常の機械の二倍以上の約三三万円であった。当然ながら機械の売れ行きも伸びなかった。この時点でのカード導入店は五〇〇店。カード普及の期待をかけたCR機の不調で、関係者はさすがに落胆の色を隠せなかった。CR機発売直後の九月二二日に開催された日遊協関東支部総会の席上、カード委員長の庄司正英はこう発言している。

「プリペイドカードはいま、まがり角にある。ひとつのフレームはできたが、ファンにとってプラス材料がなければ、いくら当局が押し進めても難しい」

カード推進役であった日遊協内部の苦しい胸の内をのぞかせる言葉である。この思いは庄司ひとりだけではなかった。同じ時期、先にプリペイドカード見直しを文書で提案した日遊協の佐藤洋治副会長は、業界誌で堂々とプリペイドカードシステムの修正を求めた。日遊協内部のカードシステムに対する焦りと危機感が一挙に吹きだした感があった。

この時期にその焦りをさらに増幅させる事件が発生した。しかし、いまからみれば日遊協やカード会社、警察当局がこの事件をどれほど重要視したかは疑問だ。この事件とは九月一七日、神奈川県内で発生したプリペイドカード変造事件である。一八日付の「神奈川新聞」は事件をこう報じている。

「県警捜査二課と大和署は一七日、市販されている一〇〇〇円のパチンコ用プリペイドカードの額面をコンピュータを使って一万円カードに変造・使用していた横浜市緑区のコンピュータ販売会社社員A容疑者（二二歳）を有価証券変造および同行使の疑いで逮捕した。調べではA容疑者は五月下旬ごろ、自宅に所有しているパソコンなどを利用し、額面一〇〇〇円のカード六三枚を一万円カードに変造し、六月一七日夜、そのうち数枚を大和市のパチンコ店で使用した疑い」（会社名および氏名省略）

事件は客の通報でわかったらしいが、監視カメラだけではとても発見できなかったと犯行のあったパチンコ店の店長は語っている。実は、この事件は四月の摘発に次いで二件目だった。カードシステムがスタートして二年目で偽造事件が発生したことになる。カード会社が主張していたカードのセキュリティはもろくもついえ去ったのである。当初掲げていたカードシステムの謳い文句であった経理のガラス張り、経営の合理化とファンの増加、プレミアムの付与、セキュリティの万全——はことごとく破綻する結果となった。カードシステムを見直すチャンスだったはずだが、この機会を逸したまま関係各団体はさらにつき進んでいった。

警察が招いたパチンコバブル景気のツケ

平成二年ごろから五年にかけてパチンコ業界に深刻な打撃をあたえたのは不正機の横行だった。裏ロムと呼ばれる不正なロムをパチンコ機に内臓された正規のロムと交換し、連チャンを招くように細工する事犯が後を絶たなかった。日遊協会長だった前出の日野は不正機の横行ぶりについてこう語る。

「裏ロムを使った一般機がものすごい勢いで横行しました。そうなると、朝出しといわれるモーニングや連チャンも自由に設定できる。だれがどうやってそんなことをしているのか。客が悪いのか店が悪いのか、果てはメーカーも関与しているのではないかと疑心暗鬼の状態でした。そうした状態をつづけていてはいけないと、不正機を排除していこうということになりました」

日遊協としては健全化、適正化は、CR機の普及のためにも必要だった。日野はつづける。

「不正機が横行してはCR機も売れない。CR機が伸びないのは不正機があるからだという結論をわれわれはだしたわけです。そのためには不正機を撲滅しながらCR機を伸ばしていこうとやったわけです」

日遊協の積極的な不正機排除への取り組みの一方で、排除に向けて警察当局も動きだす。平成五年六月、警察庁は日工組に対して警告文書を通達した。内容はロムの変更や不当な連チャンプログラムの細工について疑問を示し、そうした事実が出れば三年間の検定取り消し処分の発動も辞さないという厳しいものだった。これを受けて、日工組は内規の改正に乗りだすと同時に、行きすぎと思われるパチンコ機の販売を自主的に抑制する方向で検討を開始した。八月二四日に開催された日遊協総会で日工組の牧野常務理事は、「俗にいう連チャン機については射幸性を薄めていく方向で今後は推移していくだろう」と述べている。

一〇月一五日、日工組は遊技機の製造販売の自主規制を決議し、関係各方面に通達した。その内容は、今年三月三一日以前に保通協の検定に合格したパチンコ機は一一月六日をもって原則として出荷を停止するというものだった。メーカーとしては極めて厳しい決断だが、それだけ当局の指導が強いものであったということだろう。

ところが、これだけではすまなかった。三日後の一〇月一八日、埼玉県警が風俗適正化法違反の容疑でパチンコメーカー平和の家宅捜索に乗りだしたのである。容疑は同社の発売するダービー物語を連続して大当りしやすいように改造したというもので、結果的に平和の社員をふくむ七人が逮捕された。自主規制後まもなくの逮捕劇に、メーカー関係者のだれもが驚いた。不正機に対する警察当局の強い姿勢を改めて感じさせる事件であった。

射幸性に手をつけた当局

だが、こうした不正機への当局の厳しい態度の一方で、カード推進側にとっては明るいニュースが飛び込んできた。それほど人気のなかったCR機が爆発的なヒットを飛ばしたのである。西陣が開発した花満開である。いうまでもなくその魅力は遊技性にあった。人気は徐々に全国のパチンコ店に浸透し、西陣には注文が殺到した。この機種を導入した都内のパチンコ店経営者はその魅力をこう語る。

「花満開で火がつきましたね。当時は一日台当り五、六万円の売上げがせいぜいだったんですが、一挙に一四、五万円と三倍にはね上がりました。連チャン性はあるし、客も喜ぶし、フィーバー以来の機種が誕生したなと思いましたよ」

プリペイドカード推進派が待ち望んだ機械がやっと登場したのである。だが、この花満開は先の日工組の自主規制によって製造中止になる。しかし、翌年には各メーカーこぞってCR機を発売し、CR機ブームが訪れた。CR機の人気が高まればカードの普及も進む。プリペイドカードシステムの導入店は平成五年末一六〇〇店、六年末五二〇〇店と破竹の勢いで伸びていった。「CR機がなければ客も入らない」と言われるようになり、世はまさにCRフィーバー時代に入ったのである。一般機にくらべ連チャン性の強いCR機の認可が警察当局の強力な後押しによってなされたのは間違いない。日野はこう語る。

「明らかに行政の力です。いい機械をださないとCR機は売れないし、プリペイドカードシステムも普及しない。そのためには付加価値のある機械を作って欲しいとわれわれも行政に対して暗に陳情してきた経緯があります。一般の機械よりも高いCR機を買うんですからそうしてもらわなければ意味がありませんでしたからね」

カードシステムの普及で東西両カード会社は平成六年三月期で合計約一兆円の売上げを計上した。七年三月期は約四兆円と空前の売上げを記録した。累積赤字も一掃され、以後も飛躍的な成長を遂げていくかに見えた。この時点では警察当局のとった「有効需要の創出」は功を奏した形になった。

しかし、このことはプリペイドカードシステムの成功を意味するだろうか。

平成七（一九九五）年夏ごろから偽造・変造カードが横行するようになり、プリペイドカードシステムのセキュリティの不備を露呈した。当初から業界のだれもが抱いていた不安が現実となったのである。さらにＣＲ機の浸透にともなって店舗間の競争が激化し、利益率一〇パーセントを割る店は珍しくなくなった。不採算店が増加し、倒産の憂き目にあう店も出てきたのである。明らかにＣＲ機という警察主導のプロジェクトが生んだ現象だった。

過去のパチンコの歴史と警察行政の歩みを振り返るならば、ＣＲ機の最大の問題はパチンコ行政の要であった射幸性に手をつけたことであろう。健全化を叫びながら、それと逆行する射幸性に踏み込んでしまった矛盾の負債、つまり、ギャンブル化の促進にともなう社会的悲劇が発生するのは時間の問題であった。

13 生き残りへの道

暴力団の資金源

昭和六四（一九八九）年一月七日午前六時三三分、在位六〇年余におよぶ昭和天皇が死去した。戦前、戦中、戦後を挟んだ激動の昭和の時代に終わりを告げ、翌一月八日から新たな時代、平成が幕を開けた。

平成の到来は天皇を推戴（すいたい）する首都の治安を預かる警視庁にとっても歴史的な出来事であった。二月二四日の「大喪の礼」の警備には従来にない強力な警戒が必要とされた。管内の警察官だけではなく、遠く東北方面をはじめ各県警の応援を頼み、首都東京は戦後類のない厳戒体制が敷かれた。

まれに見る大行事で平成を迎えた警視庁は、同じ年、これも類を見ないパチンコ業界を震撼させる行動に踏み切った。

平成元（一九八九）年六月二九日の昼すぎ、板橋区成増にあるパチンコ店に警視庁保安一課の捜査員が踏み込み、同店の経営者以下数人を検挙したのである。同時に、同店をふくむ近くの五店舗の景品を買い取っていた景品買取所の人間も逮捕された。容疑は風俗営業適正化法第二三条の違反である。パチンコ店が客に提供した景品を、暴力団が経営する景品買取所で換金させ、その景品を買い戻すという方法でパチンコ店が景品の買い取りをしていたというのである。適正化法第二三条では、客に現金を提供すること、提供した景品を買い取ることを禁じている。そんなことはパチンコ業界の人間で知らないものはいない。

しかし、客の換金需要に応えるために換金目的の特殊景品を客に提供し、店外の第三者がそれを買い取るという方式は昭和三〇年代以降、数十年にわたるパチンコ業界の慣行でもあった。こうした行為を警察当局がなかば黙認してきたのも事実である。もはや二三条は抜かずの宝刀としてパチンコ業界監視の抑止力ぐらいにしかだれも考えていなかった。お蔵入りのその刀（二三条）が突如として抜かれたのだから業界のだれもが驚くのは無理もなかった。成増地区でパチンコ店を営業するミリオンレジャーシステム専務の小島豊もそのひとりだった。

「びっくりというより、鳩が豆鉄砲食らったような感じでした。うちは四月に新規の店をそれなりの投資をかけてオープンしたばかりです。全国で流通している換金システムが摘発されるなんて考えもしないことでした。その日、警察はうちの店にもやってきました。そして営業するのはかまわないが、換金はするなと申し渡されました」

成増地区のパチンコ店は、買取所に景品取り扱い額の約一〇パーセントという都内でも高率のマージンを払っていた。景品は買取所、引き取り業者、卸問屋を経てパチンコ店に環流するが、そのうち暴力団が六・六六パーセントを取り、毎月約二〇〇〇万円を稼いでいたという。

青天の霹靂（へきれき）ともいえる〝事件〟に、小島らはなす術もなかった。パチンコ店は換金ストップの状態での営業という、前代未聞の事態に追い込まれた。まさに四〇年前に逆戻りしたのである。それでも小島は一一月までの約五カ月間換金なしで営業をつづけた。換金なしの営業は実に興味深い事実をもたらすが、それは後に述べることにしたい。その前に、警視庁がなぜ、この時期にそんな行動に出たのかである。

二カ月前の四月一〇日、都遊協の松岡豊理事長あてに警視庁保安第一課長名で一通の文書が送られた。平成元年の新年度早々の文書にはこう書かれていた。

「当庁では警察庁からの通達に基づき、今後暴力団の関与するパチンコ景品買取事犯の取締りを強化することといたしました。ところで遊技業界には、暴力団に対しみかじめ料を支払ったり、暴力団経営の景品買取所と取引きをするなどの問題が根強く存在し、これが業界健全化を阻害する要因となっているのであります。従いまして、貴組合においては、貴傘下全組合員が団結し、暴力団を断固拒否する姿勢を堅持してパチンコ営業のあらゆる場所から暴力団を排除していただきたいのであります」

文書では組合の中に暴力団対策委員会を設置し、暴力団排除の行動を起すことを求めている。換金所からの暴力団排除宣言である。この要請に対し、都遊協は当初、本腰を入れて暴力団の排除に取り組む気配はなかったようだ。だが、警視庁は本気だった。都遊協に通知した一〇日以降、手はじめにパチンコ店に絡む暴力団の摘発に乗りだしたのである。

四月一四日の午後六時、東京都三鷹市のパチンコ店に暴力団員三〇人が押しかけた。

「社長を呼べ！　上納金の問題がかたづいていない！」

「景品交換はさせないぞ！」

口々に店員や客に罵声を浴びせ、営業を妨害した。また、景品買取所前にいた客らに体当りするなどの暴行を加えた。こうした行為に対し、警察は威力業務妨害および脅迫で組員三人を逮捕している。また、四月二〇日には杉並区内のパチンコ店に買取所をやらせろと暴力団員四五人が押しかけた。四月二五日には稲城市のパチンコ店で暴力団員が景品買い取り業務を要求した。警察は威力業務妨害、脅迫、脅迫未遂、公務執行妨害の罪でいずれをも逮捕するという異例の強い態度で臨んだ。

一方で、業界団体である都遊協にも警視庁は再三にわたって暴力団の排除を促している。四月二一日、都遊協の理事会に書類のつまったカバンを抱えた警視庁の吉村管理官が出席し、暴力団が深くかかわる換金の実態について調査した結果を明かした。

都内の景品買取所は一〇二一カ所で、そのうち暴力団が関係しているのは三四一カ所。全体の三三パーセントに暴力団が関係していた。内訳は暴力団が直接経営する買取所が一一〇カ所、暴力団の家族の経営が二八カ所、組員の経営が八カ所、暴力団に上納しているのが一九五カ所というものである。もっと驚かされるのは換金所から暴力団に流れている資金が数百億円、一説では六〇〇億円という数字だったことだ。こうした数字をつきつけられた理事会のメンバーは固唾を飲んだという。

さらに吉村管理官は警視庁の目的はただひとつ、暴力団の排除であることを強調し、そのためには不退転の決意で臨むと以下の三点を宣言した。

①暴力団に直接、景品買取所をやらせているところから優先的に取締っていく。
②暴力団のいやがらせなどに対しては、積極的に威力業務妨害などを適用していく。
③場合によっては、共同正犯でパチンコ店の検挙も辞さない。

理事会のメンバーは警視庁の意気込みがただならぬものだと感じた。だが、それでも三番目に掲げたパチンコ店の摘発はたんなる脅しにすぎないと思ったらしく、組合として具体的な行動を起すには依然および腰だった。そんな都遊協の態度に業を煮やした警視庁は、都内七つのブロックの長を個別に呼んで指導する手段を取った。初日の中央ブロックを筆頭に東京・霞ヶ関の警視庁八階の保安調査室には各ブロックの代表が呼ばれた。新宿・文京ブロック協議会の会長であった原田實も各組合長といっしょに警視庁に行った。

「こちらは組合長ら七人ぐらいです。相手は吉村管理官と担当主任でした。地域の暴力団と景品買い取りの現状を数字をあげて示され、いくら指導してもいっこうに動いてくれない。暴力団排除についてもっと厳しく取締るよう警察庁から指示を受けており、警視庁としても取り組まなくてはならない。あんたたちは自発的に活動する気はないのかと強い呼びかけをされました」

都遊協がようやく腰を上げたのは六月に入ってからであった。各ブロックから二名参加による計二六名で暴力団排除対策委員会（松岡豊委員長）を発足させたのである。第一回の委員会を六月二八日に開催した。同時に都遊協執行部と景品問屋の東京菓子食品卸商業協同組合から五名ずつ選出して特別委員会を結成した。だが、こうした動きとは関係なく、警視庁は予告通り「共同正犯でパチンコ店の検挙も辞さない」と言っていた行動に打って出た。六月二九日の成増地区での検挙がそうだったのである。

暴力団排除を目ざして

前出の小島の話に戻そう。換金ストップを余儀なくされた間の店の営業はどんな様子だったのか。翌日から店の雰囲気はガラリと変わったという。店には、「両替所休業のため換金用の商品とは交換できません。他の商品とお取り替えください」と書かれた紙が島端や景品カウンターに掲示された。店にきて、すぐに踵(きびす)を返す客が増えた。店内はガラガラで閑古鳥が鳴く有様で、店員も手持ちぶさたの様子だったという。

「換金がないとパチンコはまったく商売にならないことがはっきりしました。それ以前は二五〇台の店で粗利益が一カ月二〇〇〇万円近くありましたが、逆に人件費などをふくめて一〇〇〇万円以上の赤字をだすようになったんです。一日平均一五〇人から一六〇人いた客が一〇人もいなくなったんです。あわてました。でもどうすることもできませんでしたね」

最終的に一億円近い赤字をだしたと小島は語る。景品の換金率は九五パーセント以上といわれている。その数字の正しさを小島の店はものの見事に証明したことになる。もはやパチンコ店は換金なしの商売は不可能な時代になっていたのである。

振り返れば、パチンコの景品を紙袋いっぱいにつめ込んでにこやかな顔で店外に出る客の姿が珍しくない時代があった。いまではそんな光景を目にすることがない。明らかにパチンコは変質してしまっていた。では、いつからそうなったのか。小島はフィーバー登場以降と指摘する。

「フィーバーブーム以前の客の換金率は五〇パーセントぐらいでした。残りの五〇パーセントのうち三五パーセントがタバコで後は一般の景品です。ところが、フィーバーをきっかけに換金率が上昇したのです。すぐに七〇パーセントになり、八〇、九〇パーセントになってしまった。なぜそうなったのかといえば、パチンコに投じる金額が一万、二万と増え、景品と交換するよりはパチンコに再投資する現金を必要とするようになったからです」

換金率の上昇はパチンコのギャンブル化と無縁ではない。フィーバーによるファンの増加と消費金額の増大は業界に大きな福音となったが、他方では従来のように安価でゆっくり楽しめるパチンコではなくなったこともたしかであった。

フィーバーを契機にしてパチンコ店と換金所に関係する暴力団が以前よりも増えたと小島は言う。

「フィーバー以前ももちろん暴力団は介在していました。でも、大組織が介入するというより街のヤクザ者やヤクザから足を洗った者が、何か商売をやりたいから買取所をやっていたという程度でした。いまと違って取り扱い高も少なく、下手をすると赤字になることもあるし、どちらかといえば小遣い稼ぎ程度でした。ところが、フィーバーになると取り扱い高が四倍、五倍と飛躍的に増大しました。小遣い稼ぎからうまみのある商売へと変化していったわけです。それで暴力団は資金源として買取所を重視し、組織的に介入し、多額の金が流れるようになった。その結果、東京の暴力団は潤い、換金をバックに豊富な資金力で勢力を拡大していったともいえます」

換金を通じて暴力団に流れる資金は都内で六〇〇億円といわれた。これが事実なら、なんとしても元を断ちたいと警視庁が考えるのも当然であったろう。だが、換金所を取締る法律は存在しない。そこで伝家の宝刀（風俗営業適正化法二三条）を抜くにいたったのである。しかし、いったん刀を抜いた以上、どうやって元の鞘に納めるのかが問題になる。二三条違反で摘発した以上、検挙したパチンコ店以外に広く普及している他店の換金システムはどうなるのかということである。

二三条は暴力団の介在を問題にしているわけではない。いっさいの景品の買い取りを禁止しているのである。もし、暴力団の介在しているパチンコ店のみを摘発することになれば法の下の平等に反する。警視庁はこの点も十分認識していたはずである。それでもあえて摘発に踏み切った。

摘発の影響を受け、窮地に立たされた成増の小島は事態を打開すべく必死だった。関係各団体へ相談にいくが、だれも真剣に取り上げてくれない。逆に他人事のような態度をとられることも珍しくなかった。成増の問題を一罰百戒の見せしめ程度にしか考えていない経営者が多かったのである。しかし、警視庁がたんなる見せしめではなく、徹底的にやる気であることを小島は身に染みて感じていた。このままではパチンコは危ないと警鐘を鳴らす文章を平成元年七月に業界誌に小島は匿名で寄稿した。

「今回の事態を考えますと、四月以降当局が何度となく警告を繰り返していたにも拘らず、今月は暴力団取締り月間だからとか、直買いだからとか、はたまた全遊協の警察への非協力的態度の結果であるとか、この問題を自己の都合の良いように矮小化して考えていたところに大きな誤りと油断があったように思えてなりません」

小島は業界の認識の甘さを指摘し、事態を打開するには暴力団の介在する換金行為を一掃するために立ち上がるべきだと説いた。

「他人任せの淡い希望や無責任な態度で時を浪費していては、犠牲者は日毎に増えていきます。今こそ業界が良識と信念と勇気をもって、一致団結し暴力団追放に立ち上がる時です。

我々自身が血を流す覚悟がなければ、パチンコは未来永劫、賤業としての地位から抜け出すことができないばかりか、将来、完全にパチンコ店は一般市民の支持を得られなくなり、消滅していく運命を辿るでしょう――」

暴力団を介在させない新システム

こうなった以上、他人に頼らずに自ら行動を起すしかないと小島は決めていた。いつまでもこの状態を放置していては、いずれ経営危機に瀕する。赤字営業を防ぐには早く買取所を再開するしか道は残されていなかった。一部の関係者は暴力団を介在させなければ警察は何も言わないと小島に囁く者もいた。しかし、それでも違法性がなくなるわけではなく、暴力団がふたたび介入しないという保証もない。小島は赤字営業をつづけることは辛いが、時間をかけても真に適法性を持ち暴力団を介入させないシステムを作るしかないと決めて動きだした。その結果、換金用の景品として金地金を採用することを思いついたのである。

「景品としてテレフォンカードも考えましたが、有価証券ですからね。そしてある問屋さんから新宿で金を景品として提供していると聞き、これだと思ったんです。金なら土産として持ち帰りも可能ですし、一般市場でも流通します。それに、従来の景品のように還流することも少なくなります」

換金システム用の景品は実態経済では通用しない特殊景品である。客に提供した景品のほとんどが店に還流する。つまり、提供した景品を買い取ってはならないとする風俗営業適正化法二三条に抵触する違法性が強いものだった。しかし、金なら一般市場で流通し、客が退蔵もできるという魅力を持つ。小島は金を扱う買取所の改革にも手をつけた。従来の買取所ではなく、商品券も扱うチケットショップに変更し、その次に金を集めて整理・包装する新たな集荷場を設置することも考えた。法律をクリアする手段を二重、三重に講じて具体的な準備に着手したのである。しかし、いざ実施となると新しい方式だけに障害もあった。

「問屋さんに依頼すると、みな尻込みをする。引き取りや納品はいいが、買取所となるとやはり暴力団が怖いというわけです。結局、私が信用のおける人物に頼んで引き受けてもらいました。次に困ったのは場所です。近所の人で場所を貸してくれる人はなかなかいなくて苦労しましたが、最終的に駐車場を借りてそこに設置しました」

買取所再開に向けて着々と準備を進めている最中、小島が暴力団に襲われるという事件も発生した。

平成元年一〇月七日午後六時ごろ、本社のある練馬区の店に暴力団員四人が嫌がらせにやってきた。応対した小島が店から出るよう暴力団員に注意したところ、四人は小島を店の外に連れだし、殴る蹴るの暴行を加えたのである。駆けつけた警察官に四人の暴力団員はその場で逮捕されたが、小島は全治二週間の怪我を負った。暴力団を排除した買取所の設置に対する嫌がらせであることは明らかだった。

一一月一〇日、新たなシステムが成増地区の五店舗で静かなスタートを切った。換金再開の広告宣伝などを派手に打つわけにはいかないからだ。それでも口コミで客に伝わり、しだいに客足が戻りはじめた。再開時は暴力団を警戒し、所轄署にも応援を頼んだ。しかし、何事もなく日は過ぎた。流通マージンも暴力団が介在していた時よりはるかに低い二・五パーセントに抑えることに成功した。小島の孤軍奮闘で実を結んだ金地金を使用した換金方式はその後、警視庁の支持を得ることになった。

翌年には杉並地区（築地栄一組合長）でもこの方式が実施され、換金からの暴力団排除運動が展開された。金地金を使用した換金方式はやがて都遊協のモデルとなって他の地域に波及していった。換金問題の解決へ向けた小島の功績は少なくなかったが、小島自身にとって「いままでとは違う人生を作ることが可能なんだ」という実感を得たことがそれ以上に大きかった。

「暴力団を追いだしてやっと店を再開できたとき、私は換金できることのありがたさをしみじみと感じました。また、それまでは暴力団に資金が流れていたためか、何か自分の商売に後ろめたさがありましたが、この事件以来、だれからも後ろ指をさされない堂々とした商売、誇りのある職業だと自然に考えられるようになりました。ですから、私は当時の取締りの担当官にはいまだに感謝しています。彼らが勇気を持って摘発してくれたおかげで、私にとってパチンコは天職であると思えるくらいすばらしい職種に変わったといってもいいのですから」

平成二年六月二八日、都遊協の理事長選挙が実施され、新理事長に原田實が選ばれた。都遊協の最大の課題はいうまでもなく買取所からの暴力団排除であった。原田には、当初から組合の先頭に立って暴排を実現することが期待されていた。成増地区以降、板橋区で三件、江東区で一件の買取所が摘発されていた。また、平成二年に入っても五月に江東区のパチンコ店および買取所、六月には豊島区のパチンコ店と買取所が摘発された。警視庁は手を緩めることなく、暴力団追放に全力をあげていた。都遊協の組合員の間には不安感を通り越してしだいに危機感すら漂いはじめていた。

いた。

〝北沢戦争〟の幕開け

理事長の原田は暴排へ向けて動きだすしかない、もはや待ったなしの状況に追いつめられていた。

すでに平成二年一月には都内一七二の問屋が集まって東京商業流通組合（東商流）が結成されていた。一〇月には東商流の事業部門として金地金の仕入れ、販売、運営を担当する東京ユニオンサーキュレーションも設立され、金地金の導入に向けて準備が進められた。平成三年五月、都遊協主導による金地金を使用した換金方式が東京・碑文谷地区に導入され、無事にスタートを切った。

ところが、碑文谷につづいて実施の準備に入った世田谷・北沢地区では暴力団の強烈な抵抗にあった。世にいう北沢戦争の幕開けである。

「当時、下北沢の駅前で暴力団の義人党が五店ほどのパチンコ店を束ねて買い取り業務をやっていたんです。まずそこを排除し、統廃合することから手をつけました。それには警視庁の防犯担当者も熱心に動いてくれたし、金地金の採用も理解してくれ、一致協力して準備を進めました」（前出・原田）

北沢地区では当時、二億円が暴力団に流れていたといわれる。暴力団も重要な資金源を断たれるとあって執拗な嫌がらせを展開した。七月六日、北沢地区の南栄二組合長宅に銃弾三発が撃ち込まれる事件が発生した。一発は勝手口に命中した。つづいて八月一四日、南組合長の景品買取所に銃弾が撃ち込まれた。北沢地区は、しだいに騒然とした雰囲気に包まれていった。

さらに、八月二八日にはふたたび組合長宅に火炎ビンが投げ込まれ、南組合長の妻が負傷するという事件が発生した。だが、北沢地区の経営者たちは怯むことなく九月二日、予定通り実施に踏み切った。都遊協理事長の原田は、緊張がつづく北沢に何度となく足を運んだ。

「北沢戦争では暴力団の抵抗に対して私たちは引くことはなく立ち向かいました。北沢の組合の会議は二四回も開かれ、私もほとんど出席しました。タスキ掛けで暴力団排除の行進をしたり、また、警視庁の全面的な協力も仰いだりして、みなが一丸となって行動しました」

東京・碑文谷地区の場合は警視庁保安課の応援を得たが、北沢戦争では保安課の他に刑事担当部署もふくめて警視庁の全面的なバックアップを受けた。実施当日は右翼の街宣車も登場し、商店街は一時騒然となった。スタート直後は警察官八〇人が警備する一方、都遊協も独自に警備員を雇って警戒にあたった。その結果、北沢地区の換金システムは街宣車の妨害にあいながらも順調に動きはじめることになった。この成功によって、原田をはじめとする都遊協は以前にもまして暴排へ向けた強い決意と自信を持った。以降、この換金システムは牛込地区をはじめ都内全域に波及していった。

平成六年七月、警察庁の生活安全局長の諮問機関である生活安全研究会がひとつの報告書をだし、マスコミにも大きく取り上げられた。報告書は、風俗適正化法二三条の改正をふくむ従来の警察庁の考え方の転換を要求する大胆な内容だった。有価証券を景品として認めようということと、条件つきで換金を合法化しようというのが骨子である。

合法化の一案として、景品の買い取りに第三者を介入させる大阪方式も候補に上がっている。この報告書はパチンコ業界はもとより世論にも大きな驚きをもって迎えられた。警察庁がいずれ法改正に着手するものとパチンコ業界は注目した。早ければ平成七年にも国会に改正案がだされるのでは、という憶測も生まれた。

平成七年秋、警視庁の保安担当の加藤課長（当時）と担当管理官が警察庁の瀬川生活環境課（旧保安課）長を訪ねた。加藤課長は警視庁と都遊協で推進してきた金地金の東京方式の進行状況を詳しく説明し、理解を求めたという。訪問の目的はきたる風俗適正化法の改正の際の新たな換金システムとして東京方式を考慮してもらいたいというものだった。これに対して瀬川課長は「将来に向けてよいものであるなら進めてください」と理解を示したという。

タバコ中心の一般景品の時代を経て、昭和二六年ごろ連発式の登場で景品の換金がはじめて生まれた。法律では禁止しているが、パチンコファンのニーズに応えるため、裏のダーティな部分で換金は命脈を保ってきたのである。その間、暴力団の介入とそれを拒否するパチンコ店の戦いが水面下で繰り広げられてきた。幾多の変遷を経てきた換金は、制度としてやっと日の目を見ることになるのだろうか。

パチンコの原点

昭和二〇年代以降、監督官庁の警察庁は「健全娯楽としてのパチンコ」を技倆の介入の余地が高く、金銭的価値が低い商品を提供し、射幸心をそそることがないものという解釈をしてきた。しかし、時代は変わった。手打ち式パチンコから電動式へ、さらにフィーバー登場以降、技倆の介入の余地が極端に減少したのは自明である。そして景品は高額商品だけでなく現金も認知しようという時代になりつつある。いまさら射幸性云々という解釈など古いと指摘する声は多い。そうであるなら、改めて警察庁は射幸性とは何かについて、換金の合法化論議以前に新しい解釈を提示すべきである。これほど市場規模が大きくなり、他の産業が積極的に参入している現状を考えるならば、事態をあいまいに推移させるだけではもはや通用しない。パチンコはいま、最大の転換期にある。

さらに、パチンコ業界や警察当局がこれまで金科玉条のごとく唱えた「健全娯楽」の本質的な意味とは何かということも問いたい。これは取締りという観点ではなく、国民の暮らしにとってどういう意義を持つかという視点が必要ではないだろうか。昭和二九年当時の警察庁が考えていた「健全娯楽」の意義は以下のようなことだった。

「懸命に働いた後のつかれた身体、またすさんだ心は適当な娯楽またはいこいを要求するのであって、人間はこれによって明日への生命欲、生活意欲を保持向上させることができるのであろう。敗戦という有史以来の大打撃を受け、経済的、精神的に暗澹たる無気力な状態にあるとき、ぱちんこ遊技が多くの人のリクリエーションとなり、娯楽となって、明日への意欲を奮い立たせたこともあったと思われる」(「ぱちんこ遊技に関する事務上の参考資料」より)

敗戦という大打撃を受けた国民の身体や心を癒し、明日への生命欲、生活意欲を奮い立たせる娯楽のひとつがパチンコであると警察庁はその意義を明確に位置づけている。この考え方に異論を差し挟む余地はないだろう。

パチンコが持った社会的役割は決して小さいものではなかった。しかし、一方で他の産業と同様に時代の変遷の中で大きな歪みを生じさせてきたのも事実である。敗戦と焼け跡から生まれたこの「健全娯楽」の精神を、いまもパチンコは保っているのか。そうでないとしたら、パチンコ業界および警察当局は、改めて原点に立ち戻って考えてみるべきではないだろうか。

14

補遺

1 在日とパチンコ

昭和二五（一九五〇）年六月二五日、朝鮮半島では祖国を二分する朝鮮戦争の火蓋が切って落とされた。一〇月には米軍を主力とする国連軍が三八度線を突破し、つづいて中国人民義勇軍も戦線に出動した。

祖国の解放後、時を経ずして韓国・朝鮮の人びとは戦火にさらされていた。

一方、在日の人びとも、故国での戦火を憂えながら日本で生きていくために必死の〝戦い〟を繰り広げていた。そんな彼らの生活を支える礎のひとつとなったのがパチンコであった。

かつて夜店の子どもの遊びにすぎなかったパチンコが「正村ゲージ」と呼ばれる新しい機械の出現で一躍脚光を浴びることになる。昭和二五年ごろにはパチンコブームが到来し、正村竹一の地元・名古屋を皮切りに全国でパチンコ店の出店ラッシュが相次いだ。そうした店主たちの中には多くの在日がふくまれていた。当時を知る在日の業界関係者はこう語る。

「もともとパチンコの部品製造の下請けをしていたのが朝鮮の人たちです。部品を作るより店の方が儲かるということで、どっと参入してきました。しかも、むかしの店はいまと違い、ちょっとしたスペースに二〇台程度の機械を置くだけの簡単な造りです。彼らは機械の製作や修理はお手のものですからね」

このころから名古屋の在日の多くがパチンコを生業とするようになる。パチンコ流行発祥の地である名古屋と在日は、まさにコインの裏と表の関係にあった。

「名古屋の（パチンコの）隆盛は直ちに東は豊橋へ移った。そして一時浜松を飛び越えて静岡へ。西は京都、大阪、神戸へ。北がものすごく、岐阜、富山から新潟、そして会津若松、山形、秋田へとたちまち流行した」（『月刊読売』昭和二六年九月一日号）

全国へのパチンコの波及はそのまま名古屋資本の進出と軌を一にしていた。当初、東京ではそれほどパチンコが流行らなかったといわれる。昭和二五年のはじめの東京のパチンコ店は約二〇〇軒。当時の都区内の人口は五三八万人だったから、一店当り二万七〇〇〇人という計算になる。名古屋にくらべて五分の一にすぎなかった。なぜ、名古屋のように東京でパチンコが流行らないのか。研究を重ねて東京で成功した名古屋のパチンコ業者はその原因をつぎのように語っている。

「不振の原因は至極明白だった。東京の業者は売上げの二割程度しか景品を出さなかったのだ。名古屋の尖兵は直ちに景品を思い切って多く出した。それと同時に、東京の人間はなんといっても文化的に進んでいる。サラリーマンが多い。名古屋のように近在のアンチャンをねらっていてはだめだ。どうしても中流以上の階層を獲得しなければならぬ、というのでまず店をきれいにした。美人をおいた。ねらいは的中し、客もダンナ衆からサラリーマンへと次第に増加した。それっとばかりに名古屋の各業者も本場仕込みの腕っききを東京へ送り、各所に直営店を開いた。これに驚いた東京の業者も対抗策をとらざるをえなかった」(「月刊読売」昭和二六年九月一日号)

昭和二七年以降になると、パチンコ人気を当て込んで自らの資金で出店する素人も数多く登場した。といっても、だれもが成功するというものではない。そこで今日でいえばコンサルティングに当るパチンコのノウハウに詳しい在日の業者も誕生するようになった。

東京都北区の会社員は退職金一八万円を元手にパチンコ店の開店を計画した。立地や機械導入のいっさいを在日の青年に依頼して開店したものの、素人商法で毎日が赤字つづきだった。在日の青年に頼んで釘調整師を紹介してもらったりするが赤字はかさみ、結局は廃業したという。

パチンコ業に進出する在日

この時期には多くの在日がパチンコの主導権を握るようになっていた。パチンコの隆盛によって東京でも多くの在日がパチンコ業へ進出していった。その結果、昭和二八年から二九年にかけてパチンコ業界の競合が激化していく。弱小店が潰れ、大規模な店舗と資本力のある企業が生き残っていく時代で、大規模パチンコ店のほとんどが日本人以外の経営者であった。

昭和二九年当時、「週刊朝日」(一一月二九日号)は「実権握る第三国人」という見出しを掲げてこんな記事を載せている。

「今年一月には、業者の数は少なくなったが、一軒当りの台数は増加している。弱小な店がツブれる半面、パチンコ大企業はますます大きくなるという資本主義の法則がここにもあらわれている。……そのパチンコ大企業化への推進者は概して第三国人であることは注目に値する」

警視庁保安課の調査によると、昭和二九年一〇月時点で日本人以外の者が経営している都内の店は六一二軒で、全体の二割強に当る。内訳は中国人三〇八軒、在日韓国・朝鮮人三〇〇軒、アメリカ人二軒、フランス人、オランダ人各一軒。さらに、日本人名義にはなっているが、実際には中国人と在日韓国・朝鮮人が経営している店が三割五分以上を占めたといわれる。

現在とくらべて在日の割合が少ないように見えるが、全国の店舗数が約四万軒（うち東京は約三四〇〇軒）という時代であったことを考えれば決して小さい数字とはいえないだろう。しかも中国人、在日韓国・朝鮮人が経営する店は概して大型店が多いのが特徴であった。ちなみに、群馬県では六割から七割が在日の経営する店といわれた。当時の経営者にはカフェやキャバレーからの転業組も少なくなかった。キャバレーの外観をそのままパチンコ店に改装した店舗も登場している。しかも女性店員にこれまたホステスにも似た美人を配置するなど華やかさを演出する店も誕生し、新時代の娯楽場とも騒がれた。キャバレーの転業組について在日の業界関係者はこう語る。

「鉄屑拾いにはじまった同胞の中には資金を元にキャバレーやレストランを開業する者も多かった。ところが、当局の規制でキャバレー営業もままならなくなっていった。そこでパチンコに鞍替えする経営者も多かった。とにかく、限られた仕事しかなかった在日の同胞にとって、パチンコは新たな希望でもあったのです」

しかし、パチンコの隆盛は長くはつづかなかった。昭和二九年一一月には、警察当局によって連発式禁止令が出された。その突然の措置によって、在日の人びとはふたたび苦難の道を余儀なくされる。電光石火のような当局の連発式禁止令はパチンコ業界を混乱の渦の中に巻き込んだ。そして翌三〇年四月一日、全国のほとんどのパチンコ店は連発機を入れ替え、単発機での営業をするように指示された。しかし、連発機に親しんでいた客の大半は旧式の機械に見向きもせず、しだいにパチンコ店から足が遠のくようになる。歯が抜けるように街のパチンコ店はバタバタと廃業に追い込まれていった。

戦後一〇年、日本経済の高度成長の幕開けという世の中の動きとは裏腹に、多くの在日を抱えるパチンコ業界は展望どころか存続が危ぶまれる危機的状況に陥ったのである。バタバタとつぶれていくパチンコ店の中には、この商売に先行き不安を感じて見切りをつけてやめていった人も多い。しかし、多くの在日の業者は、そう簡単に職業や商売の鞍替えはできなかった。

「メーカー関係の家族を含めて、パチンコに依存する人口は二〇〇万人を下るまい。もし、パチンコが全部なくなったとしたら、これらの人々はどこに生計を見出すのだろう。しかも、業界は第三国資本で占められている。とすればパチンコは日本経済の象徴そのものである。いや、日本の政治そのものの正直な反映といえないこともない」(「週刊朝日」昭和二九年一一月二八日号)

パチンコ店を経営する在日の人びとの窮状と日本の政治を皮肉って雑誌はそう記した。しかし、日本人の大半の業者が戦線から離脱するなかで、在日の業者の多くが歯を食いしばってパチンコの営業をつづけたのだった。彼らが生きる道はパチンコ以外にそう簡単に見つかりはしなかった。

「連発機の禁止であって、パチンコの全面禁止でなかったことがせめてもの救いでした。当時は全面的に禁止せよ、という意見もありましたからね。在日の同胞の中には逆にライバルのパチンコ店が消えたことで、改めてこの商売に打ち込んだ者もいたんです」

そう語るのは当時を知る在日のパチンコ店経営者である。連発機禁止のあおりを受けて八〇パーセント以上の店舗が消失し、生き残ったのは全国で約八〇〇〇軒程度だった。まさに再起をかけたゼロからの出発を大半のパチンコ店経営者は余儀なくされたのである。

暴力団との闘い

往時の勢いはないものの、昭和三一年ごろになるとパチンコ業界もようやく落ち着きを取り戻す。しかし、そんな業界をふたたび脅かす存在が、台頭しつつあったヤクザ・暴力団の景品買いを目的とする介入だった。連発式の時代、店が客に渡した景品を直接店内で買い取るという換金行為はやられていた。店内に入り込んだおばさんが、出玉の多い客のそばに寄っては景品の買い取りを持ちかけていた。閉店後、換金グループの元締めが買い取った景品を経営者に売り戻しにくるという仕掛けである。

彼らのほとんどがヤミ屋から転業した在日韓国・朝鮮人で、同胞の店と組んで景品買いをやっていた。同胞のおばさん連中を雇って商売をしていたのである。在日の買人とパチンコ店にはいわば同胞の互助的つながりという面もあったのである。在日のヤミ屋の転業組、生活費やアルバイト代稼ぎではじめた在日の女性らは、やがて買人と呼ばれるようになる。もちろん、店と組んで換金を行うこと自体はむかしもいまも法律違反である。一方で、買人登場の背景には連発機ブームによって景品を換金したいという客のニーズの高まりがあったこともたしかだ。しかし、この間に暴力団が加わり、あくどい稼ぎをする連中が登場するようになった。

やがて暴力団がパチンコ店と手を結び、パチンコ店の近所に景品の買い受け値段を掲示した景品買受所ができた。パチンコ店は法律に抵触する自家買いを避ける方策として、また暴力団は自らの資金源として、両者はつながっていった。昭和三〇年代以降、日本の暴力団は広域化していくが、換金業務がそれに一役買っていた可能性も否定できない。ただし、パチンコ店が暴力団と積極的に手を結ぶことはなかった。なかば脅迫的なやり方に屈し、しぶしぶ買い取り業務を認めていたパチンコ店が大半だった。中には、徹底的した抵抗の姿勢で臨んだ店や地域も多かった。

昭和二九年以降、パチンコ店を挟み、暴力団と在日の買人たちとの間で、文字通りの死闘が全国で繰り返された。在日や中国人のパチンコ店経営者の多くは、生活に困っている同胞たちに景品買いの権利を認めていた。しかし、その利権に暴力団が介入するようになったのである。警察が取締りに乗りだし泥沼の様相を呈していくのは時間の問題だった。

「池袋の極東組は、子分一〇〇〇人を数え、駅中心三〇軒ほどのパチンコ屋の大部分はその支配下にある。ところが、池袋に中国人の経営するパチンコ屋が開店し、極東組から『景品買い』についての話があったが、その店では色よい返事はしなかった。開店当日、極東組幹部の朝鮮人が若いもの一〇人ほどを連れてやってきた。店で玉を買ってやりはじめた。が、手を使わず、足でバネを押したり、ワザと『出ないぞ』とガラスを叩いたりして、いやがらせをやった。その後もいやがらせを続けたため業務妨害と恐かつ容疑で一〇名を検挙した」（「週刊朝日」

昭和二九年一一月二八日号）

暴力団の手先となって働く在日もいたのだった。中国人も負けてはいない。この記事とは別の、池袋西口にあるパチンコ店の中国人店主は、用心棒を使って脅しにきた暴力団から逆に金を巻き上げたこともあったという。池袋では当時、中国人や在日を巻き込みながら熾烈な勢力争いが展開されていた。

当時の週刊誌（「週刊朝日」昭和二九年一一月二八日号）は「最近、池袋の盛り場を第三国人（朝鮮人が主）が支配しようという動きがあり、これに対して極東組は『日本民族を守れ』とばかり、これに防衛戦線を張っているともいわれている」と、その様子を伝えている。中国人や在日、日本人の暴力団という単純な民族対立の構図ではなく、景品買いを巡って複雑に入り乱れながら利権争いが繰り広げられていたのである。

池袋だけにかぎらず、他の街の盛り場でも同じような修羅場が展開されていた。そのころ在日の景品買いの主流を占めていたのは「おばちゃんたち」であった。彼女らは互いの景品買いの権利を守るために結束して暴力団と対峙した。景品買いをやっていた在日の業者はこう語る。

「上野では新しい店が開店すると、おばちゃんたちが大挙して押し寄せ、暴力団に対抗するのです。そういう小競り合いはしょっちゅうで、何人も日本刀やドスで切られ死んだこともあったんです。それでも彼女らは自分の担当する店を離れ、同胞の応援に駈けつけるのです。だいたい一〇〇人から二〇〇人くらいは集まったものですよ。暴力団員がおばちゃんの体にちょっとでも触れると自らその場に倒れるふりをする。そして仲間が一一九番に電話するのです。警察とはかかわりたくありませんし、救急車がくればある程度歳をとったおばちゃんには持病のひとつや二つあるから理由はなんとでもなる。そうやって暴力団を追いだしたものですよ」

死をも恐れない在日の婦人たちの気丈さには目を見張るものがある。実際に暴力団との争いでかなりの数の婦人が命を落としたと在日の経営者は語る。在日の人たちは、死ぬことよりも生活の糧を失うことの怖さを身に染みて知っていたのである。

こんな実話もある。新宿で景品買いをしている在日の母と一〇代の娘がいた。親子二人、景品買いの収入で暮らしていたが、ある日、母親が暴力団との諍いの末に殺された。唯一の肉親である母を失った娘のショックは相当なものであっただろう。ところが、母親が死んだその日の夕方には娘がひとり黙々と景品買いをしていたというのである。

東京オリンピック秘話

当時の警察はこうした事態に直接手を下すことはなかった。客が受け取った景品を第三者が買う行為は違法ではない。摑まえるとすれば「道路で客を待ち、立ち止まっているのを道路交通法違反でしょっぴく」(業界関係者)のがせいぜいだったという。

釈放された婦人たちは、また景品買いに戻った。「暴力団といざこざがあるなと予測すると、店から遠く離れて機動隊を配置し、事が起きてはじめて店に踏み込む。それまでは放っておくんですよ」と在日の経営者は当時を振り返える。

昭和三一年以降全国的にエスカレートしていった在日と暴力団とのいざこざは、パチンコ店を巻き込み、時に殺人事件にまで発展した。とくに関西地区では暴力団同士の闘争も激化していった。また、客に提供した景品をパチンコ店が暴力団からふたたび買い取るという法律違反行為も横行し、警察はこの問題をどう解決するべきかが最大の悩みとなる。

全国各地では暴力団と換金業務を切り離すために第三者を介在させる三点方式などの対策がとられていく。しかし、なぜか東京では暴力団排除がなされないままに放置された。ところが、昭和三八年ごろになって警視庁は急に取締りを強化するのである。その辺の事情について在日のある景品業者がこんな秘話を紹介してくれた。

「ある日、警視庁の担当者がきてこう言うのです。『東京オリンピックが近い。外国の客に景品買いをやっているのを見られるのはまずいし、やめてくれないか。その代わり店から一〇〇メートル離れて交換所を作るなら、こちらも黙っている』と。それから換金用の特殊景品にタバコを使うのもやめてくれと言うんです。それならということで、われわれもそれにしたがい、特殊景品をチョコレートや味の素に代えて商売するようになったのです」

警察当局は、換金問題の根本的な解決策がないままこうした場当り的なやり方をつづけていった。そして後年、パチンコ店と暴力団との関係をいざ解決しようとした時点で、大変な試練を味わうことになるのである。

戦後の動乱を経て、多くの日本人がパチンコ経営から離れていく中で、在日の経営者はパチンコ業を生業に数々の苦難を乗り越えて今日の一大レジャー産業を築くまでにいたった。現在、在日のパチンコ店経営者の割合は一説には約八割を占めるといわれる。日本が生んだパチンコ文化は間違いなく在日の人びとが支えているのである。

2 プリペイドカード余話

平成八（一九九六）年八月二日付の「夕刊フジ」に、実に興味深いコメントが載った。内容は話題のパチンコの全国共通プリペイドカードに関するものである。

「プリペイドカードの導入で、資金流入が止まるなど北朝鮮はたいへんなダメージを受けたはずだ。最近、マスコミはプリペイドカードの失敗ばかりを指摘するが、カード導入は韓国や米国に高く評価されている」

発言の主は平沢勝栄元警察庁保安課長（現在衆議院議員）で、プリペイドカード導入時の行政側責任者である。「プリペイドカードを導入すれば北朝鮮への日本からの資金の流入が止まる」とは、カード導入によってパチンコ店の売上げがわかり、その結果、北朝鮮への送金が止まるという意味である。

この発言は極めて重大な意味を持っている。なぜなら、警察当局はプリペイドカードの導入の目的を主にパチンコ業界の脱税の防止、暴力団の排除の二点と主張してきたし、パチンコ業界側もそれならと重い腰を上げた経緯があるからだ。警察当局の狙いが北朝鮮へのパチンコ資金環流を阻止することにあったとなれば、プリペイドカード導入には隠されたもうひとつの重大な狙いがあったということになる。

平沢発言に呼応するように、同記事中にはもうひとつの爆弾発言が出ていた。発言の主は元公安調査庁調査第二部長の菅沼光弘である。

「パチンコ業界の猛烈な反対などで難航していたプリペイドカード導入を決定づけたのは、北朝鮮の核疑惑なのだ」

また、アメリカの経済紙「ウォールストリート・ジャーナル」（平成八年七月二五日）の取材に対し、平成三年春、公安調査庁を訪問した米中央情報局（ＣＩＡ）のチームが、日本のパチンコ産業から流れる金が北朝鮮の核開発の資金源であると訴えた事実を菅沼は認めている。平沢、菅沼二人の元警察・公安官僚は、北朝鮮の核開発を阻止するためにプリペイドカードを導入したという大変なシナリオを描いてみせたのである。

事の真相はいくつかの真実が重なり合って成立するものである。新たに浮上した北朝鮮の核問題を重ね合わせると、いままで謎だったものがうっすらと透けて見えてくるようにも思える。そう、あのときも警察・公安調査庁が絡んでいた。平成元年八月、プリペイドカード導入を巡って賛成・反対両派が入り乱れ、四分五裂の状態にあった業界団体の全遊協に追い討ちをかけるような〝事件〟が発生したことが思いだされる。

プリペイドカード導入を阻止する政界工作として、パチンコ業界から社会党議員に多額の献金が流れているという「週刊文春」の記事に端を発したあのパチンコ献金疑惑である。あの報道でパチンコ業界と社会党はマスコミから一挙に不信の目を向けられた。とりわけ、プリペイドカード導入慎重派の全遊協執行部がマスコミや組合内部のカード推進派から非難を浴びたことが記憶にのぼってくる。社会党の一部議員が警察庁に乗り込み、プリペイドカードを業界に無理押しするのを非難したこともあった。そのことが、業界から賄賂をもらい圧力をかけた証拠とされ、受託収賄罪の嫌疑まで受けることになった。

時の自民党政権は社会党叩きの好機ととらえ、舞台は国会審議の場に持ち込まれる騒ぎに発展した。そして平成元年八月二八日、全遊協の実力者であったカード慎重派の柳副理事長が辞任する。カード反対派は総崩れとなり、推進派が勢いを増していった。その結果、カード推進に拍車がかかったのである。

ところで、当時このパチンコ献金疑惑報道については陰謀説が囁かれたことがあった。はっきりとした根拠はないものの、疑惑の浮上が全遊協内部の対立がピークを迎えた時期と重なり、結果的に反対派を追い込み、警察庁主導のカードシステムに疑念を抱いていた社会党をも封じ込めることに成功したからである。疑惑を報じた「週刊文春」の編集長・花田紀凱（当時）は、取材の動機を週刊誌でこう発言していた。

「プリペイドカード導入にパチンコ業界が反対している話がある。どうしてカード導入がそんなに都合悪いのか、という素朴な疑問が出発点」（「週刊読売」平成元年一〇月一日号）

あくまで純粋な動機から取材をスタートしたと語っている。だが、問題の全遊協から社会党議員への献金リストは報道前の八月以前に入手していたとも花田は述べている。リストの入手先は明らかにしていないが、何者かが文春側にリークした可能性も否定できない。

ところで、全遊協の献金は社会党議員だけでなく首相経験者をふくむ自民党議員の多数にも献金されていたことが後に明らかになる。いままで自民党に攻めたてられていた社会党が反旗を翻すかに見えたが、その動きを封じる第二のリストが登場するのである。

それは在日本朝鮮人連合会（朝鮮総連）から社会党への資金提供に関する資料だった。平成元年一〇月三一日に自民党議員が公表したことから社会党に追及の矛先がおよんだ。資料には社会党に総計八九〇万円が献金された旨が記載されていた。もしリストの記載が事実ならば、全遊協の献金以上に重大な問題になる。

だが、この資料が正しいものか、また政府の資料であるかどうかについて、国会質疑で首相や政府関係者はわからないと答弁した。新聞もなかば怪文書扱いしており、国会では資料の真偽を公安調査庁が調査することを約束した。

平成元年一一月八日、当時の公安調査庁長官・米田昭は後藤正夫法務大臣に調査結果を報告した。ところが、その直後の記者会見で公安調査庁の中津川彰総務部長（当時）はこう述べたのである。

「一般的に公安調査庁が行った調査内容は、業務上公表を差し控えるべきもの。今回の資料が当庁の資料かどうか答えるのは、調査内容について述べることと同じで、報告内容は公表できない」

中津川は資料が政府資料であるか否かについて否定も肯定もしなかったのである。だが、その後の新聞記者の取材に対し、法務省首脳は「資料は怪文書というようなものではなく、どこかの役所が調べたものであろう。ただし、公安調査庁のものであるかどうかは言えない」と、暗に政府資料と認める発言をしたのである。しかし、この問題については与野党ともこれ以上踏み込むこともなく終わっている。

パチンコ業界の献金問題に端を発した一連のパチンコ疑惑騒動は、政界を巻き込みながら問題の資料の出所が深い闇に包まれたまま幕を下ろした。以上がパチンコ疑惑騒動の簡単な概要である。

北朝鮮とプリペイドカード

さて、ここで問題の資料を改めて検証してみたい。

問題の文書はB5判で、一五ページにおよぶ。タイトルは『情報研究　パチンコ・プリペイドカード導入を巡る朝鮮総連の動向について』となっている。「総連の政・財界、マスコミ工作」「総連系遊技業者の反応」といった見出しが並び、総連が公表していない内容もふくまれており、もっともらしい文書とされている。問題の出所を示すものとしてページの上部に「調2－1」「水曜会資料」の記載がある。当時、この資料が公安調査庁のものであることを疑わせる根拠となったものだ。

「水曜会」とは公安調査庁の幹部会だろう。「調2」は同庁調査二部を意味するものと見られる。調査第二部は国外情報を収集・分析するセクションといわれる。ところで、もしこれが公安調査庁の資料だとするとどういうことになるだろうか。爆弾発言の主である菅沼光弘が部長を務めていたのが同庁調査第二部だったのである。彼の発言と資料の出所の奇妙な一致こそ真実を語っているのではないだろうか。

資料の日付にも注目したい。「六月二八日」は「週刊文春」が記事を掲載する以前のものであり、もっといえば、その前の五月二〇日に全遊協を飛びだしたカード推進派が全日遊連を設立した約一カ月後にあたる。パチンコ献金疑惑噴出以前に生まれたこの資料は、いったい何を目的に作成されたのだろうか。そして、どういう役割を担うことを期待されたのだろうか。

パチンコ国会の与野党の攻防はなんとも後味の悪い痛み分けの形となった。だが、その影でプリペイドカード導入が着々と進んだのは事実である。パチンコ疑惑の最中、自民党はパチンコ業界からの献金を防止する手段としてプリペイドカード導入促進を決め、大蔵省提出の「プリペイドカード法案」の早期成立を決定した。翌平成二年一月の通常国会では、さしたる野党の反対もなく法案は成立している。四月には都内で初のプリペイドカード導入店がお目見えした。そしてカード反対派の牙城であった全遊協は解散に追い込まれることになった。

ところで、警察・公安当局が「北朝鮮への資金を断つためのプリペイドカード導入」を画策する背景には相応の理由が存在する。在日朝鮮人をはじめとする外国人監視が彼らの本来の役割であることに由来する。

平成元年一〇月一七日の衆議院予算委員会で公安調査庁の古賀宏之次長（当時）は自民党議員の質問に対し、「（朝鮮総連は）公安維持にとって無視できない団体で監視をつづけている」と答え、朝鮮総連が同庁の監視の対象であることをはじめて認めたのである。また、このときに破壊活動防止法第四条に基づく同庁の調査団体として日本共産党と朝鮮総連の名を公表した。日本の警備・公安警察は秘密のベールに包まれ、一般市民にはその活動がわからない。だが、公安調査庁と警察庁が人事交流もふくめて、常に情報交換を行う密接な関係にあることはよく知られている。やはり、同日の国会で警察庁の城内康光警備局長（当時）はパチンコ業界と朝鮮総連の関係についてこう述べている。

「朝鮮民主主義人民共和国（北朝鮮）系のパチンコ業者は、それぞれ在日朝鮮人商工会に所属し、同商工会は朝鮮総連の傘下団体だ。したがって大きな意味で朝鮮総連の傘下にある」
（「読売新聞」平成元年一〇月一八日）

警察庁が北朝鮮系のパチンコ業者を常に監視していることがわかるだろう。担当部署は警備局である。警備企画課を筆頭に公安第一課、二課、三課、警備課、外事課の六課がある（当時）。この他に警視庁をはじめ全国の警察本部に同様の部署が存在し、すべて警察庁警備局の下に一元的に管理されている。警察庁『警備警察全書』（警備警察研究会編、一九六二）の情報収集対象の第五番目にはこう記されている。

「在日朝鮮人の革命的組織と対抗運動動向（北朝鮮の対日工作、在日朝鮮人の居住分布、組織の状況、指導者・活動分子、日共との交渉）」

パチンコ業は風俗営業取締法や風俗営業適正化法によって警察当局に許認可権を握られてきた。そして他方、先の警備局長の発言に象徴されるように警備・公安警察の厳しい監視も受けてきたのである。そう考えると、プリペイドカード導入の目的のひとつが「北朝鮮への資金を断つため」という意味がよりリアルな形を帯びてくることに気づかされる。プリペイドカード導入後の動きを見ると、なるほどと思うほど辻褄も合うのである。

描かれる一つのシナリオ

平成二年四月に導入されたプリペイドカードは、その後遅々として普及しなかった。一年三カ月後の平成三年七月時点での導入店は全国でわずか八四店舗にすぎない。さらに、翌平成四年九月時点で五〇〇店とやや増えたものの、全国のパチンコ店の比率からいえばまだ少数であった。警察・公安当局にとっては大いに当てがはずれたことになる。

北朝鮮の核開発疑惑を巡って急に慌ただしい動きが出てくる時期がそのころだった。北朝鮮が国際原子力機関（ＩＡＥＡ）の核査察を拒否したことが大きな問題となった。ＣＩＡのチームが公安調査庁を訪れ、北朝鮮の核施設と思われるスパイ衛星の解析画像のビデオテープを菅沼に見せたのが平成三年春ごろだといわれる。そして開発を阻止するためにパチンコ産業からの北朝鮮への送金を止めるように催促されている。

根拠は不明だが北朝鮮への送金額は六〇〇億円と言われた。ＣＩＡだけでなく、アメリカでは議会や世論、マスコミからも日本からの北朝鮮への送金ストップの声が高まった。事は日本の国内問題ではすまされなくなり、なかばアメリカの圧力を受ける形で日本政府も具体的な対応を迫られた。

平成五年末になるとアメリカの北朝鮮非難に加え、日本バッシングが激しさを増す。一一月三日の米下院外交委アジア・太平洋小委員会の公聴会でウルフォウイッツ前国防次官は、「北朝鮮への経済制裁の前に、まず日本に対し送金の停止を迫るべきだ」と発言した。また、保守系の「ワシントン・タイムズ」（平成五年一一月四日）は、「(日本からの）寄付金が瀕死の状態にある北朝鮮経済を後押ししている」と非難を込めて報じている。

日本国内でこの対応に直接関係する役所はいうまでもなく警察・公安当局である。何らかの手を打つ必要に迫られていた。この時期と奇妙な一致を見せるのがプリペイドカードを巡る動きだ。平成四年秋にパチンコ機とカード式玉貸機を一体化させたＣＲ機が登場する。が、当初は人気がなく売れ行きは伸びなかった。ところが、一年後の平成五年秋に登場したパチンコ機「花満開」をきっかけにＣＲ機が爆発的に売れだす。理由はもちろん従来機にくらべ連チャン性が強いからだった。

当時は、カード会社の苦境を見かねた警察当局が機械認可の基準を緩和をしたものと業界関係者のだれもが思ったものだ。その結果、プリペイドカードシステム導入店は急速に増え、平成五年末には一六〇〇店、平成四年末五二〇〇店と破竹の勢いで伸びていった。CR機の基準緩和の時期と北朝鮮を取り巻く動きとが妙に重なるのである。

機械基準を担当するのは警察庁保安部（当時）である。従来、射幸性を抑制することはあっても高めることはしなかった警察当局がなぜ規制を緩めたのか。背後に警備・公安サイドの意向が働き「超法規的措置」を取ったのではないかという推測も成り立つ。そう考えれば、平沢勝栄の「カード導入は韓国や米国に高く評価されている」という発言が不気味なほどの信憑性を帯びてくる。

平成五（一九九三）年末以降、北朝鮮の核査察拒否に対する国際世論の反発は日増しに強くなる。国連を中心に、アメリカなどが北朝鮮への経済制裁の動きを示せば、北朝鮮は軍事的行動をほのめかす声明を発表するなど、一触即発の緊張が走った。

この時期、日本の警備警察は従来の監視から直接行動に出たのである。平成六年四月一九日、兵庫県警防犯課と外事課、神戸水上署は北朝鮮へ不正送金していたとして神戸市内の貿易会社や大阪市内の食品会社など一三カ所を外国為替および外国貿易管理法違反などの疑いで捜索した。

四月二五日には大阪府警警備部と東署が大阪市立労働会館で開かれた市民団体の集会を妨害したとの理由によって朝鮮総連大阪本部など八カ所を威力業務妨害の疑いで捜索した。その際、機動隊車一〇台をふくむ数百人の警官を動員したのである。六月六日、京都府警は国土利用計画法違反の疑いで朝鮮総連京都府本部など二七カ所を捜索した。だが、後に同法違反の事実などなく捜索が行われたことが判明し、京都府警は「遺憾の意」を表明している。

以上は警備警察の行動の一部である。最初の事件を除き、後の二件はいわゆる別件捜索に近いものではなかったのかと思う。

最初の捜索が平成六年四月以降にはじまっていることに注目したい。警察庁の人事異動で平沢勝栄が岡山県警察本部長から警備公安警察の中枢である警察庁警備局の担当審議官に就任したのが平成六年四月四日である。これもまた奇妙な因縁であろう。警備警察は他の刑事部局と違って各県警単独で動くことはない。常に中央の警察庁警備局の指令の下に行動するのが原則だ。警備警察の一連の行動に平沢が大いに関与していたのではないか。その疑念が消しがたく残っているのである。

あとがき

戦前に子どもの遊びとして生まれ、戦後大衆娯楽として花開いたパチンコはさまざまな歴史を経て二一世紀に突入しようとしている。小さな盤面を流れる玉を目で追う単純な遊びが、ここまで生き永らえることをだれが想像しえたであろうか。娯楽や遊びは一時的なブームで終わってしまうことが多い。それなのに、パチンコは廃れることなく日本の高度成長とともに進化・発展を遂げたのである。なぜ、パチンコはここまで大衆娯楽として栄えたのだろうか。世界の先進国はもとより、どの国においても流行していないパチンコが、日本でこれほどの隆盛を誇ったのはなぜなのか、考えてみれば不思議である。

日本人の国民性とパチンコがうまく合っているからだといえばそれでおしまいである。実際そういった視点で分析した著作は少なくない。もちろん、そういう要素も関係してはいるだろう。しかし、それがすべてでないことも、またたしかである。ものごとが連綿と存続する間には、絶望と希望が入り乱れる人間のドラマが背景にあったはずである。人間と時代が演ずる葛藤があってパチンコも生まれ、存続しえたのだろうと思う。それはいったいどういうものであったのか。本書の執筆は、それを知るための事実をできるだけ忠実に数多く記録したいとの思いからはじまった。

昭和二〇（一九四五）年、焼け跡から復活したパチンコが、大人を魅了する存在にまで変えた正村竹一の人生の軌跡にはじまり、五〇年間のパチンコ業界の歩みを人物の証言を基に描いたのだが、そこにはどん底からの発展とひとことで言い切ることのできない数々のドラマが繰り広げられていた。とくに、プリペイドカードの問題はカードの変造・偽造が横行して大きな社会問題に発展し、現在でも多くの問題を抱えたままである。

自壊するプリペイドカード

平成七（一九九五）年夏ごろから、使い切ったカードを再度使用できるカードに変造する集団が全国で暗躍し、巨額のカード被害を発生させた。当時は上野駅界隈をはじめとする繁華街で変造テレフォンカードに混じってパチンコの変造カードが売られるという光景も珍しくはなかった。

カード会社の日本レジャーカードシステム（日本ＬＥＣ）と日本ゲームカード（日本ＧＣ）の東西二社は、平成七年三月期に両社合わせて約四兆円という空前の売上げを達成した。しかし、平成八年三月期の決算では変造・偽造カードの横行によって日本ＬＥＣが五五〇億円、日本ＧＣが八〇億円、合計で約六三〇億円という巨額の被害額を出すにいたった。とりわけ日本ＬＥＣの被害は深刻で、約三〇四億円の大幅な赤字決算となった。日本ＬＥＣの母体企業である三菱商事が、あまりの被害額にカード事業から撤退するという噂がマスコミで報じられたほどの大打撃であった。

本文でも指摘したように、カード変造の可能性は導入当初から指摘されていた。にもかかわらず、当時の日本ＬＥＣの担当者は完璧なセキュリティ機能を持ち、偽造・変造カードの発生はありえないと胸を張っていた。大量の変造カードの横行でカード会社も方針の変更を迫られる事態に陥った。カード会社は被害を最小限に食い止めるために平成八年四月二一日に一万円券、五月一九日には五〇〇〇円券と相次いで高額カードの販売中止に踏み切った。この対応はCR機を好むパチンコファンの利便性を損なったばかりか、パチンコ店の営業にも大きな打撃をあたえることになった。その年の一二月には全国共通カードをやめて一店舗限定仕様に後退したのである。

カードシステム導入の最大の目的は脱税防止と経理の透明化だった。にもかかわらず、変造被害によりカード会社は不透明な金を巨額に排出せざるを得ないことになったのである。多額の金が中国マフィアや暴力団のアングラマネーになっているとの指摘もされた。もはや、カードシステム導入のメリットは消え失せ、その意味はほとんどないに等しい状態になってしまったと言ってもいい。カード変造の被害は依然としてつづいたのである。

東西カード会社の平成九年三月期の被害額は計二六九億円におよんだ。両社は、変造対策として平成九年四月からカード一枚ごとに認識番号を記憶させたＩＤ管理によるチェックシステムを開発・導入した。平成一〇年三月末、日本ＬＥＣは大半の加盟店ではシステム導入を完了したと発表した。

たしかに変造・偽造カード被害は減少した。しかし、新システム導入によってカード会社は多大な出費を強いられた。平成一〇年三月期の決算では、日本ＧＣの経常利益は約一億六〇〇〇万円の黒字だが、前年度にくらべれば大幅に減少している。また、日本ＬＥＣは五四億円の赤字で、三期連続の赤字決算となっている。しかも純資産はマイナス約五五〇億円と事実上倒産状態になっているのである。両社は変造対策費の増加を経営悪化の理由としているが、変造カード問題が依然として大きく尾を引いていることは間違いない。

プリペイドカードがもたらした弊害は変造・偽造の横行やカード会社の経営危機だけではなかった。プリペイドカードと一体になったCR機の登場は本文でも述べたように爆発的な人気を呼び、CRフィーバーともいえる状況を呈した。CR機は一般機にくらべ連チャンの確率を高めたプリペイドカード普及の最大の切り札として生まれたのである。パチンコファンは射幸性の強いCR機に流れた。客がついて儲かるとあれば、店は一台でも多く導入しようとする。当然ながらプリペイドカードの普及は促進されることになった。パチンコバブルの発生である。このバブルは行政指導で生みだされた〝官製バブル〟という点に特色がある。この官製バブルはさまざまな社会的悲劇を発生させたのである。

〝パチンコ自殺〟の悲劇

パチンコへののめり込み、パチンコ中毒、パチンコ店の駐車場にわが子を乗せた車を放置しつづけ、子どもを日干し状態にして死に至らしめる陰惨な事件の多発、サラ金からの多額の借金、主婦売春、窃盗、自殺……さまざまな悲劇も官製バブルの結果だというのは言いすぎというものなのだろうか。

平成六年、札幌で起ったある主婦の自殺事件を取材したことがある。自殺の現場は札幌郊外にあるパチンコ店内のトイレだった。事情を知るパチンコ店の関係者がこんな話をしてくれた。

「その主婦はパチンコにのめり込み、金欲しさに店の客に体まで売っていたらしいのです。

ホールで知り合った男性に声をかけて誘う。ホテルならまだいいのですが、駐車場の車の中とか、近くのトイレを使ってやっていたらしい。その主婦は小学校に上がる前の子どもを連れてよくきていたんですが、その日、たまたま子どもに現場を見られたらしいのです。それがショックだったのか旦那にバレたら困ると思ったのかはわかりませんが、その日の夕方に店内のトイレで首を吊っているのが見つかったんです。便器の後ろに服をかけるためのハンガーがついているんですが、そこにハンドバッグのヒモをかけて自分の首に巻きつけ、便器に座った状態からズリ落ちるような姿勢で死んでいたそうです」

昭和四〇年代後半に駅前から郊外へとパチンコ店の進出が本格的にはじまったが、郊外型パチンコ店の平日の客は主婦などの女性が多い。今日ではパチンコ店の営業に女性客はなくてはならない存在になっている。ある郊外店の支配人はこんな話をしてくれた。

「郊外の団地に越してきた女性たちは、子どもがいなかったり、まだ小さいと近所づき合いがまったくありません。旦那さんは昼間は会社に出かけて夜寝るために帰ってくるだけですからね。そんな女性たちにとってパチンコ店は一種の社交場なんです。でも、楽しく遊んでいるうちはいいんですが、のめり込むと大変です。お客さんで三〇代後半の主婦が深みにはまり、旦那に内緒でサラ金から借金を重ねた人がいます。最初は子どもや家族の保険を解約したり、積立を取り崩して使っていたが足らなくなり、サラ金や街金（マチキン）に手をだしたそうです。旦那さんは借金はもちろん、パチンコをやっていることすら知らなかったそうです。旦那さんが気づいたときは借金は七、八〇〇万ぐらいになっていた。結局、旦那さんが会社を辞めて退職金で支払ったそうです」

たんなる気晴らしから、しだいにパチンコにハマっていく客たち。そういう客は、もちろん一部であって全部でないことは自明である。しかし、そこにはより複雑化した現代という時代に圧し潰されていく人間の姿が透けて見えているように思われるのである。連発機ブームの時代はパチンコ離婚が頻発した。パチンコに熱中した旦那に奥さんが愛想をつかして家を出ていくパターンである。フィーバーブームの際にも同じ現象が発生したが、連発機時代とは逆に妻がパチンコに熱中し、夫が離婚を迫るという新しい現象も生まれている。微細に見れば、妻であれ夫であれ、この国の人びとが徐々に病んでいっているのはたしかのように見える。この国の人びとの精神は脆弱になっているのではなかろうか。

客の全員が総立ちになり、せわしそうに足でリズムを取りながら玉を一個一個穴に流し込みすばやくハンドルを弾いていく。入賞するとくわえタバコを吹かしたままニヤッと笑う。出玉が出ないと、舌打ちして「オーイ、玉が出ないぞォ」と大声を張り上げる。それに応えて台の裏から「ハーイ」という声が聞こえる。夏の暑い盛りはシュミーズ姿で立ち働く裏回りの女性たち。客の足元では薄汚れた服の子どもたちが、客が落とした一個二個の端玉を目を輝かせながら拾っている。それを見つけた店員が子どもたちを追いかけ回す。まだ物が十分に充足しておらず、満足な仕事もなくだれもが飢えと働くことへの渇望を抱えていた昭和二〇年代のパチンコ店……。

敗戦後一〇年を経て、貧しくとも一縷の希望を抱いて絶望の淵から這い上がろうとする緊張感と力強い精神がそこには躍動していた。だが、高度成長を経て近代化された新たな秩序と複雑な社会に人びとが取り込まれていくにつれて、いつのまにか緊張感は溶けてしまい、精神が弛緩していったのではなかろうか。そんな時代の変遷を、パチンコは写し絵のようにくっきりと見せつけてくるのである。

話を戻そう。のめり込みから生じた社会的問題によりパチンコそのものがマスコミをはじめ世論の非難を受けることとなる。そして世論を受けた形の警察当局の指導によって業界は社会的不適合機として約八〇万台のパチンコ機を撤去した。しかし、どの機種が射幸性が高くてどの機種が低いのか、従来の警察当局の厳しい基準からすれば実に曖昧な幕引きで終わった。

〝カード戦争〟の勃発

プリペイドカードシステムのもたらした弊害を改めて整理すれば、カードの変造・偽造の横行による多額のアングラマネーへの流入、カード会社の実質倒産状況への転落、そしてカードシステムと連動したCR機が生んだギャンブル化とのめり込みなどへの社会的非難となろう。本来ならこれだけの問題を抱えれば、プリペイドカードシステムを存続することは無謀というべきである。もはやカードを存続すべき有利な条件は何もそろっていなかった。だが、カード会社も警察当局も、まるで太平洋戦争下で暴走する軍部のように、カード推進の旗を下ろすことなく突き進んだ。

平成一〇（一九九八）年から一一年にかけて、パチンコ業界に〝カード戦争〟とも呼ぶべき事態が出現した。先行二社についで平成七年三月には三井物産が五一パーセントを出資する第三のカード会社・日本アドバンストカードシステムが誕生した。平成八年一二月には丸紅・伊藤忠などを中核とする四社目の日本アミューズメントカードシステムも設立された（後に社名をナスカに変更)。五社目は平成九年六月、高砂電器産業が出資するクリエイションカード情報システムである。

変造カード問題で本来の目的を失ったカード市場を食い合うような構図の現出である。しかも、最後発のクリエイションカードシステムは、プリペイドカードシステムの設計思想そのものをも揺るがすものであった。

クリエイションカードシステムは、一枚のカードを繰り返し使えるリサイクルカードを使用するものである。一〇〇回使えるとして、カードコストは一枚当り〇・五八円とかなり安く、パチンコ店には大きな魅力となった。その結果、発売以降、導入店は毎月五、六〇店舗のペースで増えつづけ、平成一〇年一〇月末には一六六店舗にまでなった。翌平成一一年一月末には三一三店舗。二カ月前にスタートしたナスカが同時期で八三店舗しかないのにくらべれば急速な普及であることがわかる。

母体企業はパチスロメーカー高砂電器産業で、プリペイドカードシステムの開発には松下電工が協力している。システムの普及で将来性があると見たのか、平成一一年二月には松下電工が一〇パーセント、オリックスが二パーセントを同社に出資した。平成一一年度には目標として一〇〇〇店舗導入を掲げるなど、導入計画も鼻息が荒く、先行三社の一角を崩す勢いを見せている。

クリエイションカードシステムは、まず第一に全国共通カードを標榜しておらず、使用は店舗限定、発行当日限り、しかも一〇〇〇円券限定の完全なハウスカードである。二番目の特色は、カードユニットにカード販売機能がついていること。客はわざわざ券売機にカードを買いに行く必要がなく、椅子に座ったまま一〇〇〇円札を挿入するとカードが出てくる仕組みだということである。第三に、先行各社のプリペイドカードシステムは金銭価値を持つカードをパチンコ店に販売した金額（カード会社の売上げ）と実際のカード利用額（加盟店の売上げ）を相殺して差額を決済する第三者発行型カードだが、クリエイションカードは販売機に一〇〇〇円札を入れ、カードが発券されて額面価値が付与される自家発行型カードと呼ばれるものに近い。こうした特徴は、従来のプリペイドカードシステムと明らかに異なる。

しかし実は、まったく同じシステムが一三年前に登場していたのである。

昭和六一年当時、一部のパチンコ店で流行したカード問題を取材したことがある。もちろん、現在のプリペイドカードシステム導入以前であったが、世のカードブームに乗って顧客獲得を狙ったものであった。しかし、カードのプレミアムはなく、購入手続きも繁雑であることなどから思ったほどの効果はなかった。その結果、カードシステムを撤去する店が相次いだのだが、そのときのシステムと瓜二つなのが、今度のクリエイションカードシステムなのである。なぜ、このハウスカードが復活するに至ったのかクリエイションカード情報システムではこう説明している。

「当社のクリエイションカードシステムは、第三者管理型ハウスカードである。加盟店の店内における発券機器（カードユニット、カード販売機）で発券されるときに額面価値が付与されるので『前払証票の規制等に関する法律（プリペイドカード法）』上では自家発行型カードに近い性格をもっている。しかしながら、大蔵省のご指導によればクリエイションカードは有効期限が当日限りなので、幸い同法の適用除外であり、同法の規制は受けない」（平成一一年二月二

日付同社リリースより）

自家発行型カードに近いと認め、法律の適用外であると説明し、さらに踏み込んでプリペイドカードシステムとして問題はないと、つぎのようにも説明する。

「パチンコカードに求められる第三者管理とは、同法による第三者発行型カードか、自家発行型カードかというカードの発行形態の問題とは関わりなく、カード会社がどれだけ厳格に加盟店のカード関連情報、売上情報等を第三者として主体的に責任をもって管理できるかにかかっている。第三者管理の最大の要件は不正防止であり、カード不正および運用データの改ざん等の不正が発生すれば、第三者管理の意味をなさない」（平成一一年二月二日付同社リリースより）

プリペイドカードの目的の喪失

つまり、カードの発行形態は問題ではない。重要なのは第三者管理であり、そしてその最大の条件は不正防止にあると主張するのである。

ここにはもはや、脱税防止、経理の透明化といった考え方は消え失せてしまっているばかりか、システムそのものもプリペイドカードシステムの原型すらとどめていない。なぜなら「前払証票の規制等に関する法律」、つまりプリペイドカード法こそは、一〇年前の平成元年末にプリペイドカードシステム導入のために警察庁はもとより当時の自民党と大蔵省が作り出した法律だからである。しかし、驚くことに警察庁はこのシステムに御墨つきをあたえているのである。クリエイションカードシステムについて警察庁はこう述べているという。

「どのようなシステムを導入するかは、法令に反するものでない限り各営業者の判断であるが、警察庁では第三者管理を行うプリペイドカードシステムは、ぱちんこ営業の健全化に資するものと評価しており、その評価は現在も変わらない。なお、『クリエイションカードシステムについては、同社は第三者管理を的確に行う』旨を表明しているものと承知している」（平成一一年二月二日付同社リリースより）

第三者管理であるという理由で警察庁は問題なしとしている。しかし、第三者管理とはいったい何なのか、きわめて曖昧である。変造カード問題を経て新たに生まれたシステムが、第三者管理と言いながら実質は一三年前に浮上して消えたハウスカードの再現にすぎなかった。プリペイドカードシステムの存続を押し通した結果が、逆にプリペイドカードシステムそのものを完全に形骸化する形に行き着いてしまったのである。いったいこれは、どういうことであろうか。

先行カード会社三社は、クリエイションカードに対抗する形で共同でプリペイドカードに代わるＩＣカード構想を打ち上げている。カードコストの低減とセキュリティの高さをメリットに掲げているが、導入店は新たな負担を背負うことになる。新システム導入には、ＩＣカード用ユニット、使用済みＩＣカード回収用搬送装置、券売機兼入金機、会員登録機などの設備が必要である。機器を新たに購入すると、二〇〇台の店舗で四〇〇〇万円近いコストがかかる計算になる。

今回の新システム導入について業界関係者の中には「ＩＣカードの導入は、先行三社がシステムの買い換え需要を狙ったもの」というううがった指摘もある。瀕死の重傷を負っているカード会社が経営状態の改善を意図するのは当然だろう。しかし、市場で売買される製品は市場で淘汰され、本当に必要な製品だけが生き残る市場原理に基づく競争が鉄則でなければなるまい。いまや他の産業ではそれを阻む規則や規制の緩和が急速に進み、生き残りをかけた国際的な競争が繰り広げられている。にもかかわらず、なぜかパチンコ産業だけが、〃官製カード〃に縛られつづけている。

プリペイドカードシステムの構想から十余年、プリペイドカードシステムはいまや本来の目的を大きく逸脱し、たんにパチンコ業界以外の産業を富ませる役割しか果たさなくなってしまった。全国共通プリペイドカードシステムを積極的に推進した警察庁の当時の担当課長である平沢勝栄は著書『警察官僚が見た日本の警察』（講談社、一九九九）の中で、こう振り返っている。

「カード会社設立の際には、大手商社などのバックアップを受けたのだが、こうした社会的信用のある企業が開発するシステムなら問題はないだろうと安心していたのだ。それが甘かった。『変造カードや偽造カードが出回ったら、このシステムにとっては命取りになるから、その点は絶対に気をつけてくれ』と、当初は何度も注意していた。それに対して、日本最大手の企業の幹部は『いやいや、そんなものは全然問題ありませんよ。このカードは、変造など一〇年間は絶対に出ません』と言い切ったので、安心していたのである」

変造カードの横行でもはやプリペイドカードシステムは完全に「命取りになった」のである。その結果を平沢はこう反省している。

「ともあれ、変造カードが出てしまったことは大失敗だった。当初『テレフォン・カードとは異なり、衆人監視の中で使われるPC（プリペイドカード）では、変造カードは使いにくいだろう』と考えていた、我々の見込みの甘さを反省しなければならない」

もし、平沢と同じように警察当局も考えるのだとすれば、現在の事態を謙虚に受け止めて、矛盾だらけのシステムをこれ以上続行することがどんな事態を生むかを真剣に考えるべきであろう。このまま推移すれば、プリペイドカードシステムはきわめて曖昧な形で存在し、実質的に衰退していくだろう。最後には換金の合法性の論議と同様に、第三者管理が合法か非合法かという試論の行きづまり（アポリア）に陥ってしまうこと必定である。

平成一一年四月に発表されたレジャー白書は、昨年のパチンコ店の事業収入は約二一兆円、パチンコファンは二〇三〇万人と推計している。パチンコ業界は往時の勢いはなくなり、日本経済同様に低落傾向に陥りつつある。しかし、戦後五〇年以上を乗り切ったパチンコが消えてしまうことは決してあるまい。

本書は実に多くの方々のご協力を得て完成した。当初、雑誌連載の形式で執筆の機会をあたえていただいた（株）アド・サークルの『グリーンべると』の当時の編集長である今泉秀夫氏、今泉氏とともに取材や資料収集等で積極的に支援してくれた編集部の深谷祐佳氏、高橋喜章氏には改めて感謝を申し上げたい。

そして本書の出版をわがことのように喜んでくれた先輩ジャーナリストの大橋厚雄氏、仲介の労をふくめて多大なご尽力をいただいた作家の成美子女史にもお礼を申し上げたい。

最後に、本書は戦後パチンコの存続・発展に重要な役割を果たした数多くの遊技業界の先達のご協力なしには成立しなかった。貴重な資料提供等をふくめて度重なる取材にも快くご協力をいただいた小川和也氏、高梨政己氏、正村竹一資料室をはじめ、本書に登場する遊技業界の関係各位にこの場を借りて感謝の意を表したい。

平成一一年六月

溝上憲文

復刊に寄せて

本書を上梓したのが一九九九年なので、四半世紀が経過している。その間にもパチンコ業界は当局の規制を受けつつも、新機種の開発に挑戦するなど紆余曲折を経てきたが、全体的には凋落の一途をたどっている。

日本生産性本部の余暇総研の「レジャー白書2023」によると、パチンコ人口は七七〇万人、市場規模は一四兆六〇〇〇億円となっている。パチンコ人口は二〇一六年以降、一〇〇〇万人を割り込み、市場規模も二〇一九年以降二〇兆円を割り込んでいる。パチンコ店も減少し、業界団体の全日遊連に加盟しているパチンコ店舗数は二〇二三年八月末段階で六四七二店まで減少し、二〇二三年上半期だけで三二二店が廃業したという。

往時のパチンコ人口三〇〇〇万人、市場規模三〇兆円（一九九六年一月、総務庁（当時）発表）と言われたころの面影はなくなりつつある。その背景にはコロナ禍もあるが、娯楽やレジャーの多様化も影響している。スマホの普及によるゲームなどのデジタルコンテンツをはじめとするデジタルコミュニケーションツールの発達より、若者を中心にパチンコ離れが進んだと思われる。

しかしそれでも七七〇万人のファンが健在だ。諸外国でこれだけの人たちがパチンコに興じているのは日本だけであり、パチンコ文化が今もつづいているのは頼もしい限りである。アジア太平洋戦争に敗れ、焼け野原の中で打ちひしがれた国民の娯楽として生まれたパチンコが、たとえ細々とではあっても生き続けていくことを願わずにはおれない。

本書は『パチンコの歴史』というタイトルであるが、一九四五年前後から五五年間の歴史を切り取ったものである。戦後のパチンコ業界で生活する人々を丹念に追いかけ、そこに立ちはだかる警察権力、そして利権を求めて介入する暴力団などの動きを踏まえながら、業界で働く従業員や経営者、業界関係者の生き様を描いている。筆者にとっては初の単著のノンフィクションでもある。

その後、バブル経済崩壊後の倒産・リストラ劇など、日本のサラリーマンが歩んだ苦難の道を取材し、日本経済の失われた三〇年の歴史を働く側から見つめつづける仕事を重ねてきた。労働者と対峙する経営者、そして法律の制定・施行に携わる政府と労働行政の動きも踏まえながら実態に迫ろうと書き続けてきた。こうした取材のスタンスは、パチンコ業界の取材で身につけたものと思っている。その意味では『パチンコの歴史』は筆者の原点そのものだと考えている。

日本の戦後史を振り返る一書としてご一読いただければ幸いである。

二〇二四年二月

溝上憲文

パチンコ業界略年表

	パチンコ業界の動向	社会の動向
昭和二年（一九二七年）	大阪千日前でメダル式遊技機の露店営業（景品はアメ）はじまる。	三月　昭和金融恐慌始まる。
昭和六年（一九三一年）	日本娯楽機械の子ども向け玉遊菓子自動販売機が浅草松屋屋上に設置される。	九月　満州事変勃発。
昭和一一年（一九三六年）	高知で「一銭パチンコ」が大流行。	二月　二・二六事件。
昭和一二年（一九三七年）	日中戦争勃発にともない戦時特別措置で新規風俗店営業が禁止となる。	日中戦争勃発。
昭和一五年（一九四〇年）	政府から遊技機製造禁止令が出される。	九月　日独伊の三国同盟調印。
昭和一七年（一九四二年）	企業整備令によりパチンコは不要不急産業の指定を受け全面禁止となる。	六月　ミッドウェー海戦。
昭和二〇年（一九四五年）	八月　金沢市に闇でパチンコ店が再開される。	八月　太平洋戦争敗戦。
昭和二三年（一九四八年）	七月　風俗営業取締法および都道府県条例が制定される。（施行は九月）。	一月　帝銀事件。

昭和二四年（一九四九年）	正村竹一考案の「正村ゲージ」誕生。玉貸料金が一円から二円になる。全国のパチンコ店数四八一八軒。	七月　下山事件、三鷹事件。
昭和二五年（一九五〇年）	オール15、オール20が誕生。全国のパチンコ店数八四五〇軒。	六月　朝鮮戦争勃発。／七月　レッドパージ開始。
昭和二六年（一九五一年）	一二月　全国遊技業組合連合会（全遊連）創立総会が開かれる。／同伴者なき一八歳未満のパチンコ店入場が禁止となる。全国のパチンコ店数一万二〇三八軒。	四月　マッカーサー罷免。／九月　サンフランシスコ講和会議にて対日平和条約が調印される。
昭和二七年（一九五二年）	菊山徳治考案の機関銃式（循環式）が登場。全国のパチンコ店数四万二一六八軒。	五月　血のメーデー事件。
昭和二八年（一九五三年）	三月　全遊連の代表が衆・参院へ入場税撤廃を陳情。／連発式大隆盛。全国のパチンコ店数四万三四五二軒。パチンコ台数約一四〇万台。	二月　NHKテレビ放送開始。／三月　スターリン・ソ連首相死去。
昭和二九年（一九五四年）	一一月　東京都公安委員会より「連発式機械の禁止措置令」が出される。全国のパチンコ店数二万九四一六軒（前年度比三三パーセントの激減）。	三月　米、ビキニ水爆実験。／九月　中央競馬会発足。
昭和三〇年（一九五五年）	一月　警視庁が連発式禁止に伴い遊技機の機械基準を通達。／二月　京都府公安委員会が午前中のパチンコ店営業禁止を決定。／三月　全遊連が連発禁止の打開策を図る危機突破対策常任委員会を開催。全国のパチンコ店数一万二三九一軒。／オール20が全面禁止となる。	五月　在日朝鮮人総連合会結成。／一一月　自由民主党結成。

昭和三一年（一九五六年）	七月　全遊連役員会で暴力団の徹底駆逐を決議。	五月　売春防止法交布。
昭和三二年（一九五七年）	名古屋で自動補給装置一号「単発無人機」が登場。	一〇月　五〇〇〇円札登場。
昭和三三年（一九五八年）	竹内幸平が玉の自動補給装置を開発。パチンコ店のオートメーション化が進む。	三月　関門トンネル開通。／一二月　東京タワー完成。
昭和三四年（一九五九年）	五月　全遊連会長に水島年得が就任。／パチンコ「雀球」発売。	四月　皇太子成婚。／マイカー時代はじまる。／九月　伊勢湾台風が中部地方を直撃。
昭和三五年（一九六〇年）	四月　日本遊技機工業協同組合設立。／成田製作所のチューリップが登場。	五月　新安保強行採決を巡り、全学連と警官隊が衝突。／一一月　浅沼社会党委員長刺殺。
昭和三六年（一九六一年）	大阪で三点方式の換金システムがスタート。／日本遊技機工業協同組合が物品税軽減運動を展開。	一月　米・キューバと国交断絶。
昭和三七年（一九六二年）	大阪で「パチンコ機展示会」が開催される。／盤面のファッション化が進む。	二月　東京都の人口が一〇〇〇万人を突破。／一〇月　米、キューバ海上封鎖宣言。
昭和三八年（一九六三年）	二月　日本遊技機工業協同組合を日本遊技機工業組合（日工組）に改組。／メダル式パチンコが登場。／六月　パチンコ店の過当競争を防止する目的で全国遊技業協同組合（全遊協）に防止対策委員会を設置。	一月　初の国産テレビアニメ「鉄腕アトム」放映開始。／一一月　ケネディ米大統領、暗殺される。

年	パチンコ業界	社会の出来事
昭和三九年（一九六四年）	景品の最高額が二〇〇円に引上げられる。一回の遊技料金が二〇円から五〇円に。／クラゲチューリップ登場。全国のパチンコ店数一万二〇〇軒。	一〇月　東京オリンピック開催。／一一月　第一次佐藤内閣成立。
昭和四〇年（一九六五年）	スロットマシンの「オリンピアマシン」登場。全国のパチンコ店数一万二〇〇〇軒。	二月　米が北爆開始。／七月名神高速道路全線開通。
昭和四一年（一九六六年）	三月　機械基準緩和で三六種の「役物」が解禁となる。チューリップ全盛。	六月　アジア・太平洋閣僚会議設立。
昭和四三年（一九六八年）	二月　全遊協が過当競争防止を目的に一店舗の設置台数を上限五〇〇台とする自主規制を決定。	一二月　三億円事件。
昭和四四年（一九六九年）	三月　警察庁が一五年ぶりに連発式を認可（発射速度は一分間に一〇〇発以内。出玉は一回一五個以内）。／景品最高額が五〇〇円に引上げられる。	七月　アポロ11号が月面着陸。
昭和四五年（一九七〇年）	全国のパチンコ店九五〇〇軒に減少。	一一月　三島由紀夫、自衛隊駐屯地で割腹自殺。
昭和四六年（一九七一年）	一回の遊技料金が五〇円から一〇〇円に引上げられる。／着脱分離式の遊技機が登場。／西陣が補給コンピュータ「ミックス」を開発。	五月　連続婦女誘拐殺人で大久保清を逮捕。
昭和四七年（一九七二年）	一〇月　貸玉料金二四年ぶりに一個三円に値上げ。／アレンジボール機が認可される。	二月　札幌オリンピック開催。／二月　浅間山荘事件。
昭和四八年	電動式パチンコ機が認可される。／四月　全遊協の初代理事	八月　韓国・金大中拉致事件が発

年	パチンコ関連	一般
（一九七三年）	長の水島年得が死去。／九月　景品の最高額が一〇〇〇円に引上げられる。	生。／一一月　オイルショック。全国各地でトイレットペーパーの買いだめが起る。
昭和四九年（一九七四年）	電動役物機登場。／ボーリング場転換の郊外パチンコ店登場。／釘打ちコンピュータを開発。／メダル式パチンコがブーム。	一二月　三木武夫内閣成立。／一二月　仏映画「エマニエル夫人」公開。
昭和五一年（一九七六年）	余暇開発センターがパチンコ人口三〇〇〇万人と推定。	一月　中国の周恩来首相死去。
昭和五二年（一九七七年）	テレビ付パチンコ、スロットマシン付パチンコ機登場。／三メダル五ラインのスロットマシンが大阪に登場。／三月　景品最高額が一五〇〇円になる。／貸玉料金一個四円になる。メダル一枚五〇円から七〇円に。	三月　厚生省が「保夫」を認める。／「円高」「モラトリアム人間」などが流行語となる。
昭和五三年（一九七八年）	ＩＣを組み込んだ特電機が登場。／全国のパチンコ店一万四一八軒。設置台数二〇〇万台。年間売上げ高一兆六〇〇〇万円。	八月　日中平和友好条約調印。
昭和五四年（一九七九年）	全国にインベーダーブームが起こる。	六月　東京サミット開催。
昭和五五年（一九八〇年）	四月　景品最高額が二五〇〇円になる。／一〇月　日本電動式遊技機工業協同組合（日電協）設立。／一二月　三共の超特電機「フィーバー」が登場。	五月　韓国で「光州事変」発生。／九月　イラン・イラク戦争勃発。
昭和五六年（一九八一年）	ＩＣ利用の役物が増加。全国にフィーバーブームが巻き起こる。／二月　平和の羽根物第一号機「ゼロタイガー」が登場。／六月　警察庁がアタッカーの開く時間を三〇秒、回数を一	三月　中国残留孤児四七人が初の正式来日。／黒柳徹子『窓ぎわのトットちゃん』が空前のベストセ

	〇回までとする内容を全国に通達。／一〇月　パチスロ機全国の設置台数二万四〇〇〇台。パチンコ産業の年間事業収入（貸玉料金総額）が推計三兆円を突破。	ラーに。／一一月　仏がムルロワ環礁で核実験再開。
昭和五七年（一九八二年）	フィーバータイプ機三〇パーセントの自主規制を実施。	一一月　ソ連のブレジネフ書記長死去。
昭和五八年（一九八三年）	新店ラッシュでパチンコ店が急増。全国の店舗数一万一一九〇店。設置台数二五六万台。	ＮＨＫ朝のテレビ小説「おしん」が高視聴率をあげる。
昭和五九年（一九八四年）	一月　警察庁がフィーバー機のアタッカーの開く時間を一五秒とする特別措置を発表。全国のパチンコ店一万三一三〇店。設置台数二八四万七〇〇〇台。／八月　全遊協理事長が風営法改正問題について国会で意見陳述。／一〇月　パチスロ機全国の設置台数一四万四五六〇台。	三月　グリコ・森永事件。／一一月　日銀、一五年ぶりに新札発行。
昭和六〇年（一九八五年）	二月　改正風営法（風俗適正化法）施行。／テンカウトン付超特電機が認定される。／二月　保安電子通信技術協会（遊技機指定試験機関）で型式試験実施。／三月　テンカウント付超特電機に入れ替え実施。／一〇月　警察庁がスロットマシンの改造行為に警告。	三月　厚生省が日本人エイズ患者第一号を認定。／四月　日本たばこ産業（ＪＴ）、日本電信電話（ＮＴＴ）が発足。／五月　男女雇用機会均等法が成立。／六月　豊田商事会長、二人組の男に刺殺される。
昭和六一年（一九八六年）	一二月　（財）全国防犯協会連合会による遊技機製造業者の登録制度（ＡＭマーク）を実施。／全遊協主催のパチンコ文化賞に土井たか子社会党委員長ら五人が選ばれる。	二月　「葬式ごっこ」などのいじめを苦に中学二年生の男子自殺。／一一月　マニラ郊外で三井物産マニラ支店長若王子さん誘拐される。

年	パチンコ関連	社会
昭和六三年（一九八八年）	七月　警察庁（平沢勝栄保安課長）が全国共通プリペイドカード構想を発表。／八月　平和が株式店頭登録。／一〇月　日本レジャーカードシステム設立。	六月　リクルート事件発覚。／八月　イラン・イラク戦争停戦協定成立。／九月　ソウルオリンピック開催。
平成元年（一九八九年）	二月　全遊協の松波理事長が辞意を表明。／七月　（社）日本遊技関連事業協会発足。／一〇月　衆参両予算委員会でパチンコ疑惑の集中審議。／パチンコ店数一万五四一五店。設置台数三一一万台。	一月　昭和天皇が死去。／四月　消費税三パーセント実施。／七月　幼女連続誘拐殺人事件で宮崎勤容疑者を逮捕。
平成二年（一九九〇年）	四月　パチンコ・プリペイドカード導入開始。／一〇月　景品の最高額が一万円に。出玉の上限が一三〇〇個から二四〇〇個になる。／一一月　全遊協解散。全日本遊技業組合連合会（全日遊連）誕生。	一二月　東京証券取引所の株価が前年比四割値下げ。／日本の景気減速明らかに。
平成三年（一九九一年）	八月　都遊協の暴力団排除運動中に都内の北沢組合で発砲事件が発生。／九月　プリペイドカード変造事件が都内で発生。／一〇月　三共、株式を店頭登録。／一〇月　液晶デジパチ登場。／一二月　平和が東証二部上場。／一二月　パチンコ店一万六五〇〇店。設置台数三四四万台。	一月　湾岸戦争へ突入。／三月　都庁新庁舎が完成。／六月　雲仙普賢岳で大火砕流発生。／一二月　ソ連邦消滅、独立国家共同体となる。
平成四年（一九九二年）	三月　暴力団対策法が施行。／八月　ＣＲ機（カード対応機）名古屋で初登場。／一〇月　タバコの等価交換が完全実施。／レジャー白書がパチンコ産業の年間事業収入一五兆七五〇〇億円、ファン人口二九二〇万人と発表。	八月　ＰＫＯ法成立。
平成五年	三月　日本ＬＥＣの平成四年度売上げ高二六〇〇億円と発表。	五月　Ｊリーグ開幕。／八月　細

（一九九三年）

／三月　札幌市内のパチンコ店で遠隔操作が発覚。全国で初の営業取消処分に。／一〇月　日工組が連チャン機の販売自粛を実施。／一〇月　平和に埼玉県警が家宅捜索。風俗適正化法違反容疑で社員三人を逮捕。／パチンコ店一万七二五〇店。設置台数三八一万台。

川内閣発足。／九月　冷害によるコメ不足で、緊急輸入を決定。／一二月　田中角栄元首相死去。

平成六年（一九九四年）

二月　警察庁の諮問機関「国民生活安全研究会」が第三者機関の景品買取りについて提案。／四月　ギャンブル税構想が浮上。後に廃案。／七月　埼玉県・寄居町の廃棄台の不法投棄が社会問題化。景品交換所強盗事件が続発。／一二月　パチンコ店最大手オータが違法基盤使用で営業停止処分。／パチンコ店一万七四五〇店。設置台数三九三万台。

六月　松本サリン事件発生。／六月　村山富市内閣発足。／九月　関西国際空港開港。／一〇月　大江健三郎がノーベル文学賞を受賞。

平成七年（一九九五年）

二月　全日遊連に商品買取問題研究会発足。／三月　三井物産出資の第三のカード会社を設立。／警察庁がパチンコ店一万八一一三店と発表。／七月　東京・渋谷に一〇九〇台のマルハンタワーがオープン。／一二月　佐賀県警がプリペイドカード変造で中国人をふくむ五人を逮捕。偽造・変造カードが大量に出回る。／一二月　不正カードの受付機を各店舗に緊急設置。／一二月　第四のカード会社設立（現ナスカ）。／プリペイドカード導入店一万二七四六店（全店舗の約七〇パーセント）。

一月　阪神・淡路大震災。／三月　地下鉄サリン事件発生。／五月　オウム真理教教祖・麻原彰晃逮捕。／五月　失業率過去最高を記録。／九月　仏、地下核実験を強行。

平成八年（一九九六年）

一月　総務庁はパチンコ産業の年間事業収入を三〇兆円と発表。／三月　公正取引員会は日工組と傘下のメーカーを独占禁止法違反容疑で立ち入り調査。／三月　日本最大の二〇〇

一月　橋本内閣発足。／二月　薬害ＨＩＶ訴訟で菅厚相が国の法的責任を認め、被害者に謝罪。／二

年	パチンコ関連	社会
	○台のパチンコ店が富山にオープン。／五月　カード会社各社がカードの高額券（五〇〇〇〇円、一万円）の使用を禁止。／六月　カード会社二社の変造被害総額六三〇億円と発表。／九月　全日遊連が不正カード排除、パチンコへののめり込み防止のイエローキャンペーンを実施。／九月　パチンコ店大手アイゼンが大阪地裁に和議申請（負債総額二七〇億円）。／一〇月　社会的不適合機の第一次自主規制で撤去始まる。	月　北海道・国道豊浜トンネルで崩落事故。／八月　渥美清死去。／一一月　米クリントン大統領再選。／一二月　ペルー日本大使公邸をゲリラMRTAが襲撃、関係者を人質に立てこもる。
平成九年（一九九七年）	一月　ジャパンネットワークシステムの「貯玉・再プレイシステム」導入店舗が一〇〇〇店を突破。／二月　社会的不適合機第二次撤去開始。／四月　昭和六〇年以来はじめてパチンコ店が減少と警察庁が発表。／六月　社会的不適合機第三次撤去開始。／六月　公正取引委員会がパチンコ機メーカー等に独占禁止法に基づく排除勧告。／一〇月　社会的不適合機第四次撤去開始。	四月　消費税五パーセントがスタート。／六月　神戸・児童連続殺傷事件で一四歳の少年を逮捕。／一二月　山一證券自主廃業決定。
平成一〇年（一九九八年）	一月　社会的不適合機撤去を終了。／一月　宮城県のパチンコ店が遠隔操作の容疑で捜査を受ける。／六月　改正風俗適正化法が交付。／六月　遊技業界暴力団排除全都大会を開催。	二月　長野オリンピック開催。／七月　和歌山カレーヒ素混入事件発生。
平成一一年（一九九九年）	三月　ノンリミッター機が愛知県に初登場。四月にかけて各メーカーのノンリミッター機出そろう。／四月　改正風俗適正化法施行（優良店舗制度の実施等）。／四月　レジャー白書でパチンコ産業の年間事業収入約二一兆円、パチンコファン二〇三〇万人と発表。	二月　法制定後初の脳死臓器移植が行われる。

取材協力者

伊藤寿夫／岡野昭二郎／岡孝亮／小川和也／角野博光／神谷督次／木村功造／小島豊／佐藤陽代／鈴木笑子／高梨政己／高濱正明／竹内正博／筒井智／濱野準一／原田實／原田義彦／日野和喜／牧野良一／村越一哲／山田清一（写真提供）他

本書は、『パチンコの歴史』（晩聲社、一九九九年）を底本とした。

溝上憲文（みぞうえ・のりふみ）

ジャーナリスト。
1958年鹿児島県生まれ。明治大学政治経済学部政治学科卒。月刊誌、週刊誌記者などを経て、独立。新聞、雑誌などで人事、雇用、賃金、年金など労働問題を中心に執筆。日本労働ペンクラブ会員・事務局長。『非情の常時リストラ』（文春新書）で2013年度日本労働ペンクラブ賞受賞。主な著書に『隣りの成果主義』『超・学歴社会』『「いらない社員」はこう決まる』（光文社）、『マタニティハラスメント』（宝島社新書）、『辞めたくても、辞められない！』（廣済堂新書）、『「日本一の村」を超優良会社に変えた男』（講談社）、『2016年残業代がゼロになる』（光文社）、『人事部はここを見ている！』『人事評価の裏ルール』（プレジデント社）など。

論創ノンフィクション 051
パチンコの歴史——庶民の娯楽に群がった警察と暴力団

2024年5月1日　初版第1刷発行

著　者　溝上憲文
発行者　森下紀夫
発行所　論創社
　　　　東京都千代田区神田神保町 2-23　北井ビル
　　　　電話　03（3264）5254　振替口座　00160-1-155266

カバーデザイン　奥定泰之
組版・本文デザイン　アジュール
印刷・製本　精文堂印刷株式会社
編　集　谷川 茂

ISBN 978-4-8460-2233-4 C0036